陳福成著

陳福成著作全編

第五冊　國家安全與情治機關的弔詭

文史哲出版社印行

國家圖書館出版品預行編目資料

陳福成著作全編 / 陳福成著. -- 初版. --臺北市：文史哲,民 104.08
頁： 公分
ISBN 978-986-314-266-9（全套：平裝）

848.6 104013035

陳福成著作全編

第五冊 國家安全與情治機關的弔詭

著 者：陳 福 成
出 版 者：文 史 哲 出 版 社
http://www.lapen.com.tw
登記證字號：行政院新聞局版臺業字五三三七號
發 行 人：彭 正 雄
發 行 所：文 史 哲 出 版 社
印 刷 者：文 史 哲 出 版 社
臺北市羅斯福路一段七十二巷四號
郵政劃撥帳號：一六一八〇一七五
電話886-2-23511028 · 傳真886-2-23965656

全 80 冊定價新臺幣 36,800 元

二〇一五年（民一〇四）八月初版

ISBN 978-986-314-266-9 08981

陳福成著作全編總目

總序：陳福成的一部文史哲政兵千秋事業

陳福成先生，祖籍四川成都，一九五二年出生在台灣省台中縣。筆名古晟、藍天、司馬千、鄉下人等，皈依法名：本肇居士。一生除軍職外，以絕大多數時間投入寫作，範圍包括詩歌、小說、政治（兩岸關係、國際關係）、歷史、文化、宗教、哲學、兵學（國防、軍事、戰爭、兵法），及教育部審定之大學、專科（三專、五專）、高中（職）等各級學校國防通識（軍訓課本）十二冊。以上總計近百部著作，目前尚未出版者尚約二十部。

我的戶籍資料上寫著祖籍四川成都，小時候也在軍眷長大，初中畢業（民57年6月），投考陸軍官校預備班十三期，三年後（民60）直升陸軍官校正期班四十四期，民國六十四年八月畢業，隨即分發野戰部隊服役，到民國八十三年四月轉台灣大學軍訓教官。到民國八十八年二月，我以台大夜間部（兼文學院）主任教官退休（伍），進入全職寫作高峰期。

我年青時代也曾好奇問老爸：「我們家到底有沒有家譜？」

他說：「當然有。」他肯定說，停一下又說：「三十八年逃命都來不及了，現在有個鬼啦！」

兩岸開放前他老人家就走了，開放後經很多連繫和尋找，真的連鬼都沒有了，茫茫無垠的「四川北門」，早已人事全非了。

但我的母系家譜卻很清楚，母親陳蕊是台中縣龍井鄉人。她的先祖其實來台不算太久，按家譜記載，到我陳福成才不過第五代，大陸原籍福建省泉州府同安縣六都施盤鄉馬巷。

第一代祖陳添丁、妣黃媽名申氏。從原籍移居台灣島台中州大甲郡龍井庄龍目井字水裡社三十六番地，移台時間不詳。陳添丁生於清道光二十年（庚子，一八四〇年）六月十二日，卒於民國四年（一九一五年），葬於水裡社共同墓地，坐北向南，他有二個兒子，長子昌，次子標。

第二代祖陳昌（我外曾祖父），生於清同治五年（丙寅，一八六六年）九月十四日，卒於民國廿六年（昭和十二年）四月二十二日，葬在水裡社共同墓地，坐東南向西北。陳昌娶蔡匏，育有四子，長子平、次子豬、三子波、四子萬芳。

第三代祖陳平（我外祖父），生於清光緒十七年（辛卯，一八九一年）九月二十五日，卒於（年略記）二月十三日。陳平娶彭宜（我外祖母），生光緒二十二年（丙申，一八九六年）六月十二日，卒於民國五十六年十二月十六日。他們育有一子五女，長子陳火，長女陳鑾、次女陳燕、三女陳蕊、四女陳品、五女陳鶯。

以上到我母親陳蕊是第四代，到筆者陳福成是第五代，與我同是第五代的表兄弟姊妹共三十二人，目前大約半數仍在就職中，半數已退休。

寫作是我一輩子的興趣，一個職業軍人怎會變成以寫作為一生志業，在我的幾本著作都詳述（如《迷航記》、《台大教官興衰錄》、《五十不惑》等」。我從軍校大學時代開始寫，從台大主任教官退休後，全力排除無謂應酬，更全力全心的寫（不含為教育部編著的大學、高中職《國防通識》十餘冊）。我把《陳福成著作全編》略為分類暨編目如下：

壹、兩岸關係

①《決戰閏八月》②《防衛大台灣》③《解開兩岸十大弔詭》④《大陸政策與兩岸關係》。

貳、國家安全

⑤《國家安全與情治機關的弔詭》⑥《國家安全與戰略關係》⑦《國家安全論壇》。

參、中國學四部曲

⑧《中國歷代戰爭新詮》⑨《中國近代黨派發展研究新詮》⑩《中國政治思想新詮》⑪《中國四大兵法家新詮：孫子、吳起、孫臏、孔明》。

肆、歷史、人類、文化、宗教、會黨

⑫《神劍與屠刀》⑬《中國神譜》⑭《天帝教的中華文化意涵》⑮《奴婢妾匪到革命家之路：復興廣播電台謝雪紅訪講錄》⑯《洪門、青幫與哥老會研究》。

伍、詩〈現代詩、傳統詩〉、文學

⑰《幻夢花開一江山》⑱《赤縣行腳‧神州心旅》⑲《「外公」與「外婆」的詩》、⑳《尋找一座山》㉑《春秋記實》㉒《性情世界》㉓《春秋詩選》㉔《八方風雲性情世界》㉕《古晟的誕生》㉖《把腳印典藏在雲端》㉗《從魯迅文學醫人魂救國魂說起》㉘《60後詩雜記詩集》。

陸、現代詩（詩人、詩社）研究

㉙《三月詩會研究》㉚《我們的春秋大業：三月詩會二十年別集》㉛《中國當代平民詩人王學忠》㉜《讀詩稗記》㉝《嚴謹與浪漫之間》㉞《一信詩學研究：解剖一隻九頭詩鵠》㉟《囚徒》㊱《胡爾泰現代詩臆說》㊲王學忠籲天詩錄。

柒、春秋典型人物研究、遊記

㊳《山西芮城劉焦智「鳳梅人」報研究》㊴《在「鳳梅人」小橋上》㊵《我所知道的孫大公》㊶《孫大公思想主張手稿》㊷《金秋六人行》㊸《漸凍勇士陳宏》。

捌、小說、翻譯小說

㊹《迷情・奇謀・輪迴》㊺《愛倫坡恐怖推理小說》。

玖、散文、論文、雜記、詩遊記、人生小品

㊻《一個軍校生的台大閒情》㊼《古道・秋風・瘦筆》㊽《頓悟學習》㊾《春秋正義》㊿《公主與王子的夢幻》(51)《迴游的鮭魚》(52)《男人和女人的情話真話》(53)《台灣邊陲之美》(54)《最自在的彩霞》(55)《梁又平事件後》。

拾、回憶錄體

(56)《五十不惑》(57)《我的革命檔案》

(58)《台大教官興衰錄》(59)《迷航記》(60)《最後一代書寫的身影》(61)《我這輩子幹了什麼好事》(62)《那些年我們是這樣寫情書的》(63)《那些年我們是這樣談戀愛的》

(64)《台灣大學退休人員聯誼會第九屆理事長記實》。

拾壹、兵學、戰爭

(65)《孫子實戰經驗研究》(66)《第四波戰爭開山鼻祖賓拉登》。

拾貳、政治研究

行》⑳《尋找理想國：中國式民主政治研究要綱》。

⑰《政治學方法論概說》⑱《西洋政治思想概述》⑲《中國全民民主統一會北京行》⑳《尋找理想國：中國式民主政治研究要綱》。

拾參、中國命運、喚醒國魂

⑪《大浩劫後：日本 311 天譴說》、《日本問題的終極處理》⑫《台大逸仙學會》。

拾肆、地方誌、地區研究

⑬《台北公館台大地區考古・導覽》⑭《台中開發史》⑮《台北的前世今生》⑯《台北公館地區開發史》。

拾伍、其他

⑰《英文單字研究》⑱《與君賞玩天地寬》（別人評論）⑲《非常傳銷學》⑳《新領導與管理實務》。

我這樣的分類並非很確定，如《謝雪紅訪講錄》，是人物誌，但也是政治，更是歷史，說的更白，是兩岸永恆不變又難分難解的「本質性」問題。

以上這些作品大約可以概括在「中國學」範圍，如我在每本書扉頁所述，以「生長在台灣的中國人為榮」，以創作、鑽研「中國學」，貢獻所能和所學為自我實現的途徑，以宣揚中國春秋大義、中華文化和促進中國和平統一為今生志業，直到生命結束。我這樣的人生，似乎滿懷「文天祥、岳飛式的血性」。

抗戰時期，胡宗南將軍曾主持陸軍官校第七分校（在王曲），校中有兩幅對聯，一是「升官發財請走別路、貪生怕死莫入此門」，二是「鐵肩擔主義、血手寫文章」。前聯原在廣州黃埔，後聯乃胡將軍胸懷，「鐵肩擔主義」我沒機會，但「血手寫文章」的

「血性」俱在我各類著作詩文中。

人生無常，我到六十三歲之年，以對自己人生進行「總清算」的心態出版這套書。

回首前塵，我的人生大致分成兩個「生死」階段，第一個階段是「理想走向毀滅」，年齡從十五歲進軍校到四十三歲，離開野戰部隊前往台灣大學任職中校教官。第二個階段是「毀滅到救贖」，四十三歲以後的寫作人生。

「理想到毀滅」，我的人生全面瓦解、變質，險些遭到軍法審判，就算軍法不判我，我也幾乎要「自我毀滅」；而「毀滅到救贖」是到台大才得到的「新生命」，我積極寫作是從台大開始的，我常說「台大是我啟蒙的道場」有原因的。均可見《五十不惑》、《迷航記》等書。

我從年青立志要當一個「偉大的軍人」，為國家復興、統一做出貢獻，為中華民族的繁榮綿延盡個人最大之力，卻才起步就「死」在起跑點上，這是個人的悲劇和不智，正好也給讀者一個警示。人生絕不能在起跑點就走入「死巷」，切記！切記！讀者以我為鑑！在軍人以外的文學、史政有這套書的出版，也算是對國家民族社會有點貢獻，對自己的人生有了交待，這致少也算「起死回生」了！

順要一說的，我全部的著作都放棄個人著作權，成為兩岸中國人的共同文化財，而台北的文史哲出版有優先使用權和發行權。

這套書能順利出版，最大的功臣是我老友，文史哲出版社負責人彭正雄先生和他的夥伴們。彭先生對中華文化的傳播，對兩岸文化交流都有崇高的使命感，向他和夥伴致上最高謝意。

台北公館蟾蜍山萬盛草堂主人　陳福成　誌於二〇一四年
五月榮獲第五十五屆中國文藝獎章文學創作獎前夕

劉序——

用國家安全觀念餵養代代學子

福成兄的力作《國家安全與情治機關的弔詭》終於問世，此時此刻最能分享這份喜悅的人，就是這些老朋友、老同學。三十年前，年方十五的福成兄不知那來的勇氣，以初中第一名畢業，領當時臺中縣縣長王子癸獎的人，主動放棄保送高中部的權利，毅然投身軍校，開啟了三十年來走馬燈似的軍旅生涯。

我與陳福成君相交相知三十年，他一向勤於著書立說、寫作研究，有很好的人文社會科學素養。近年他把研究重點放在國防軍事領域，成爲兩岸軍事戰略專家。再者，他從事國家安全領域研究也有很好成績，國內研究國家安全而有專書著者，似未見有第二人。解嚴後各界開始有人注意到國家安全問題，陳君是這方面研究的開路先鋒。

聞教育部從八十六學年度第一學期開始，把國家安全納爲全國高中職、專科、大學的課程範圍，所用教本正是陳福成君撰寫的軍訓課本「國家安全」單元（幼獅出版），這是一件讓人「放心」的事。陳君一向「先天下之憂而憂」，國家安全的事他無日不關心。讓他把保國衛國的構想，把愛國憂國的情操，化作章詞篇篇，餵養我們代代學子們，國家安全當然就放心了。

陳兄這本書視野宏偉，觀察入微。例如他除了談情治機關外，把社會安全、司法正義、統獨、反毒戰爭、人民知的權利、國家競爭力等，在國家安全中的定位與關係，談得清清楚楚。把好書推薦給大家不亦快哉！

福成兄丐序於我，料因我知其用功之深，特爲之序。

劉建民
學歷：陸官44期、政戰外研所碩士、美國蒙特利翻譯研究所研究
經歷：陸總部外事聯絡官、美國在臺協會外事聯絡官
現任：陸軍總部聯絡室上校主任

虞序——

一個扭轉「閏八月」謬論的人

替老朋友寫序就怕寫得不夠理性，情緒失控。說他太好人家會說：「自己人嘛！往自己臉上貼金。」要說得不夠好，還眞對不起良心，與事實未能全部吻合——特別是對本書作者。所以我還是盡可能保持理性、客觀，就以和陳福成君相交相知三十年的了解，做一些簡單的陳述。

他是一個不能從表面去看的人。愛護他的長官，關心他的朋友，都絕難從外觀看出他是一位文思泉湧、振筆如飛的作家。然而，只看外表，你算準他是一個鄉下種田的，或養豬的。難怪他早期的作品有很多是用「鄉下人」的筆名發表。近幾年來陳君的研究重點放在國防、軍事及國家安全領域。特別是國家安全在戒嚴時期是學術研究的禁區，解嚴後國家安全的研究開始被各界重視，陳福成是國內研究國家安全有專書問世的第一人。

陳君不論面臨何種困境始終怡然自得，積極圖強，自我充實。前幾年臺灣社會彌漫著「一九九五閏八月」的悲觀論調，他覺得需要扭轉這種謬論，民國八十四到八十五年一年間，連續出版了《決戰閏八月》和《防衛大臺灣》二書。這兩年臺灣社會是不是樂觀多了？樂爲之序。

虞義輝

學歷：陸官44期、政戰外研所碩士
經歷：部隊連、營長、教官、專員、組長
現任：國家安全局上校專員
文化大學中山所博士班研究生

張序——打開國家的「黑盒子」

我早年投身黃埔，獻身革命，最愛展讀孫子兵法中的〈用間篇〉，讀之品之，玩味無窮。現代國家不論民主與共產，不論進步與落後，爲維護其國家安全，都有一些所謂的國家安全組織或情治機構。而孫子在兩千多年前就開始講述這種知識，成爲談「間」之鼻祖，怎能不教人敬佩！

好友陳福成所寫的，正好是我數十年所想的問題，他進而把美、日、英、中共及我國，有關國家安全組織與情治機關的「黑盒子」，都一一揭開神祕面紗。這是陳君繼《決戰閏八月》、《防衛大臺灣》、《國家安全概論》等書之後，又一力作，真誠為大家推薦。

很多是用「

張哲豪
學歷：陸官44期、東方工專工業管理科
經歷：部隊排、連長
現任：臺糖公司電機工程師

自序——
從軍三十年的紀念與回顧

本書是一本專談國家安全，說情治機關的書，全書共二十個短篇，約九萬字，主要脈絡是談情治機關與國家安全各種相關問題。按傳統觀念，總認爲國家安全大概只能談一些國防、軍事，或建軍備戰，這是非常狹義的看法。本書從宏觀、現代之觀點，把統獨問題、貪汙腐化、司法正義、社會安全、黑幫、毒品、人民知的權利、國家競爭力、非軍事因素及「亡國之音」等與國家安全的關係，均納入討論範圍。爲什麼民國八十六年白曉燕命案發生後，李總統要召開國家安全會議？原因就在此。

談國家安全，一定會涉及情治機構。本書除了談我國情治機構，英、美、日與中共等國均一併介紹。如美國的CIA、DIA與FBI；英國的蘇格蘭場、MI5和MI6；日本情報組織的轉型；中共的國安部、公安部、情報部和聯絡部。這些國家安全組織均在本書逐一揭開神祕面紗。

我國情報組織中，特提出從「軍統局」到軍事情報局、從「中統局」到調查局兩篇，蓋因軍統、中統在我國情治機關發展上有重要意義，歷來對他們有褒貶兩極評價，本書再次請他們走上歷史舞臺，接受大家進一步檢定。

中、美兩國的情報機構曾有很愉快的合作，但有一個偶然的交手「江南案」，促使我國「國防情報局」改制成「軍事情報局」，我們要從新的眼光重新剖析「江南案」。

八十五年我奉教育部軍訓處之命，負責編撰軍訓課本「國家安全」單元，從八十六學年度第一學期開始，全國各級高中職、專科、大學已開始上此單元。由於時數受限，且有教科書所不能說、不便說者，均在本書中詳談。本書之撰寫亦為補充教科書之不足，故本書為教授「國家安全」最佳參考用書。此外，為教育部所寫的「國家安全」及臺灣大學印行的《國家安全概論》，是國家安全基本原理原則的論述；本書則是實務與案例。

萬分感謝張哲豪、虞義輝、劉建民三人為本書提序，我等四人都是三十年前，民國五十七年八月三十一日同時進入陸軍官校預備班十三期的同學，至本書出版正好三十個年頭。我們把人生最精華的三十年獻給國家，獻給這塊土地——臺灣。以本書出版的機會，對這三十年軍旅生涯做一個紀念與回顧，為文誌之。

國立臺灣大學
上校主任教官**陳福成**
中華民國八十七年六月於臺大

目錄

第二篇 英、美、日、中共的情治機關及與我國的關係

第一篇

我國情治機關的沿革

從「軍統局」到軍事情報局

我國現代軍事情報機構的建制，是沿著戴笠的「軍統局」發展出來的，應無可懷疑，軍統局是第一個體制內具有軍事情報意義的組織，它是戴笠傾一生之力（共約十五年）創建而成。

戴笠（光緒二十三年——民國三十五年），籍隸浙江江山縣，黃埔六期。民國十六年戴氏仍爲當時蔣總司令北伐軍「軍校騎兵營」的中士學生，大約這年年底加入蔣公侍從武官胡靖安所領導的「聯絡組」。這是一個非正式編制，無固定經費的情報工作單位。十七年元月，戴氏接替胡靖安職務，奉派總司令部上尉參謀，直接向蔣校長提供情報，此期間戴氏也曾任職「中央軍校畢業生調查處」。以上是戴笠在接觸軍統系統前所從事的情報性質的工作，至於與軍統局創建有關者，要從民國二十年的「密查組」開始。

壹、軍統局前身
——密查組、南調科、特務處與軍統二處

這四個單位雖然在不同的時間成立，也是用來對付不同的敵人（如剿匪、抗日、打倒軍閥等），但在民國二十七年軍統局成爲獨立單位之前，這四個情報組織的領導人都是戴笠，以「軍事委員會調查統計局第二處」爲主流，逐年吸納包容另外三個單位。

民國二十年底，總司令部成立「密查組」，成員共有十人，號稱

「十人團」，以戴笠任組長。這是一個小單位，但對戴氏很重要，顯示他已然是一個單位的負責人，也表示當局對他信任有加。這對不久就被　蔣公提名爲特務處長人選時，都是重要的考慮因素。

二十一年三月一日「力行社」正式成立，蔣公任社長，中央設總社，省設分社，縣設支社。「同志會」和「復興會」都是力行社的次級組織，總社設有「六處四會」，特務處是其中之一，由戴笠任處長，鄭介民爲副處長，特務處的內部編制爲「一室三科一委員會」，共一四五人，以黃埔畢業生爲骨幹。力行社組織遍及全國，特務處正好運用這個組織，統一全國的情報工作。

特務處從民國二十一年成立，到二十七年軍統局改組，六年多貢獻良多，如華北鋤奸，對付無孔不入的日本間諜。特別是「閩變」和「兩廣事變」的敉平，都從情報戰獲取致勝先機，瓦解了當時國際共黨的陰謀。

軍事委員會委員長於二十二年設「南昌行營調查科」，初由鄧文儀負責，翌年七月戴笠奉命兼任科長，不久調查科又歸併到軍統局第二處。這個「南調科」是專爲剿共而設立的情報組織，內部設「一室三組二偵查隊」，外勤機構在華中及東南各省，均設有特別區站，省保安處設置諜報股。中統的情報系統正在擴大中。

戴笠於二十一年九月奉派爲軍事委員會調查統計局第二處（軍統二處）處長，這是戴氏「明」的職務，因爲特務處和密查組都是祕密組織，爲便利執行任務，須有適當掩護。更重要的是解決經費問題，「軍統二處」是法定機構，有正式編制預算。二處的組織始終維持「區——站——組」的結構，但職掌已非常複雜，如以美國爲例，二處實際上包括中央情報局、聯邦調查局、戰略局、聯邦警察、財政部偵緝處等單位的全部或部分業務，任務包羅萬象，似乎到了要改制定位的時候。

貳、軍統局——國民政府軍事委員會調查統計局

「七七」抗戰爆發加速軍統二處的改制，二十七年八月成立「國民政府軍事委員會調查統計局」（簡稱「軍統局」或「軍統」）。全國性組織仍維持「區——站——組」的祕密情報網，局本部有八處。軍統局初由賀耀祖、錢大鈞任局長，戴笠副之，到二十九年戴笠正式接局長。但軍統局始終都由戴笠負責，他最能掌握全國情報網。

軍統局在各省市除有「區——站——組」外，也把觸角伸向各軍政部門，如軍令部二廳、各部隊軍事諜報網、軍法執行總監部、各省保安處諜報網、中央及省市警備單位。各戰區司令長官部設調查室主任。

第一戰區（駐洛陽）司令長官部調查室主任岳燭遠。

第二戰區（西安）副司令長官部調查室主任王鴻駿。

第三戰區（江西）司令長官部調查室主任毛萬里。
第四戰區司令長官部調查室主任謝力公。
第五戰區（湖北）司令長官部調查室主任徐業道。
第六戰區（衡陽）司令長官部調查室主任朱若愚。
第七戰區（四川）司令長官部調查室主任李人士。
第八戰區（蘭州）司令長官部調查室主任程一鳴。
第九戰區（長沙）司令長官部調查室主任金遠詢。
第十一戰區（北平）司令長官部調查室主任張家銓。
第十二戰區司令長官部調查室主任史泓。
冀察戰區總司令部調查室主任史泓。

叁、軍統局的外圍組織及特別班隊

抗戰期間軍統局的內外組織不斷擴大，故成立很多外圍組織，最重要的有忠義救國軍、軍委會別働軍和中美合作所。

一、忠義救國軍

這是民國二十七年成立的特務武裝部隊，號稱十萬人，本身沒有軍餉，靠設卡收稅養活部隊。它分布在太湖沿岸，杭、嘉、澄、錫、虞各縣，救國軍設總部、三個縱隊、九個團，在南京、浦東、馬丁、太湖、蕭紹、蕭山、嘉興及蘇常，都各設一個行動總隊。

二、軍委會別働軍

三十二年成立的特務武裝部隊分布在各戰區，共有十一個縱隊。

三、中美合作所

這是中美兩國情報單位合作最成功的案例。民國三十一年春，美國海軍情報署派梅樂斯上校（後升少將）來華與戴笠會談，同年夏正式成立「中美技術合作所」（Sino – American Cooperation Office，簡稱中美所，SACO）。次年五月兩國簽訂「中美合作所」條款，決定由美國提供裝備，成立五個團級特務部隊、八十個行動總隊和行動隊、十三個技術訓練班、四個情報站，及若干氣象站和水文站。三十三年秋，美國陸軍戰略情報局局長杜諾萬到重慶，與戴笠會談，再次簽訂補充合同，由美方加派情報教官，並爲軍統局培訓高級情報人員四十人。

中美所由戴笠任主任，梅樂斯副之，設有情報、軍事、心理、行動、氣象、通訊、運輸等各組，各地成立訓練班。

軍統局所屬的各種特務訓練名目繁多，如諜報參謀班、監察人員班、外事訓練班、南洋工作人員訓練班、臺灣工作幹部訓練班、譯電班、電訊訓練班、特種政治研究班、特偵班。軍統局也和英國合辦「中英合作所」，惟規模不大。

肆、戴笠殉職與中統改制——國防部保密局

民國三十五年三月十五日，戴笠自天津飛抵濟南，與前線將領商

討圻蒙山中共問題。十六日轉往青島會見美國第七艦隊司令柯克上將，商討東北國軍運補問題。十七日準備直飛上海，因天候惡劣而改飛南京。中途飛機墜毀在南京附近的江寧板橋鎮岱山，殘骸所在地名「困雨溝」，戴笠與隨員十餘人全部殉難，一代忠良與世永別。

戴笠死後的數十年間，有的稗官野史把他說成專搞權力鬥爭的特務頭目，或惡棍黑幫之類，此實心術不正與偏見之言。吾等治史之人則須從宏觀角度來看，才能了解大歷史的流向與緣由；也要更有微觀的敏銳，發覺政治現實面中權力鬥爭的本質，才能洞察歷史事實的眞相，才夠資格去臧否歷史人物，論斷其歷史定位。

戴笠及其軍統所處的時代，是個大動亂、大分裂、大整合的戰爭時代，若不用「非常大手段」，必無可成事。有論者說戴笠勾結青幫等祕密會黨，此爲事實而非「勾結」。民國二十六年「八一三」淞滬戰爭爆發，戴笠聯絡杜月笙、黃金榮、楊虎等人，組成「軍事委員會蘇浙行動委員會」，以蔣公爲委員長，戴笠爲書記長，下設別働軍總指揮，以杜月笙爲總指揮，轄六個支隊，爲專對付日本的地下工作。這個委員會不久又改編成「忠義救國軍」，仍然是一支「體制外」的部隊。

像這種體制外，於法不合的行爲，在那個大戰爭時代眞是隨處可見，用暗殺手段處理當時的匪諜、漢奸也時有所聞。但仍不能一手抹殺戴笠對國家的貢獻，就好像　國父推翻滿清，也曾借用洪門等會黨之力，使用很多「非法暴力」手段。現在世人（含海峽兩岸）從不說那是「勾結」或「非法」，因爲在那個時代連憲法都沒有，如何依法？美國林肯總統說的對，先保住了國家，自然保得住憲法；保不住國家，光保那部憲法有何用？

戴笠殉職，民國三十五年六月十一日國民政府頒發褒揚令，追贈中將，立祀忠烈祠，十二日在南京公祭，由蔣公親臨主祭，次年三月四日葬於紫金山「國民革命將士公墓」，眞是青山有幸埋忠骨。他走得愈久，人們對他的懷念和研究愈多。甚至更多人都惋惜著「戴雨農如不死，局勢何至於此」，這就是戴笠的歷史定位了。

軍統局度過不久的群龍無首狀態，三十五年七月一日正式改組成立「國防部保密局」，局本部設七個處。

第一處情報處——轄軍事、黨政、經濟、國際四個科。

第二處行動處——轄行動、偵防、策反、心理作戰四個科。

第三處人事處——轄人事行政、考銓、卡片三個科。

第四處電訊處——轄通訊、機務、工務三個科。

第五處司法處——轄審訊、獄管兩科。

第六處經理處。

第七處總務處。

局本部另有三個室（督察室、總稽核室、預算室）、四個組（機要組、特種政治問題研究組、特種技術研究組、布置組）、一個委員會（設計委員會）。

保密局的外勤編制仍維持軍統時期「區站組」編制，各省市設站，按國防部核定依省市的大小，分甲、乙、丙三種站。地區（如西北、西南）設區長。

三十八年河山已然變色，保密局奉命執行大破壞、大斷後的工作，以利政府、軍隊、百姓及重要物資裝備轉進臺灣。有些更是「不做會死、做了死罪」的高難度工作，不管怎麼說，把中華民國保住一點「根」，能夠在臺灣重新壯大起來，爲中國統一留下一線生機，也算「用大功贖小罪」了。

伍、使「國防部情報局」改制成「國防部軍事情報局」的關鍵大案——「江南案」

政府轉進來臺，國防部保密局也改組成「國防部情報局」（簡稱情報局），此後數十年的情報局大體上是定位在「國防」的層次上，凡與國防相關的情報都是該局職掌。惟「國防與民生合一」，情報局的職掌變得非常廣泛，而與同時代的調查局、安全局、警備總部及黨務系統的情報工作有很多重疊之處。舉凡政、經、軍、心等情報，都是情報局可以發揮的空間，由於這樣的理念「江南案」才會發生。

「江南案」的發生，就現代社會而言是錯誤與不幸的，但另一方面也給政府與民間反省的機會，才促使「國防部情報局」改制成「國防部軍事情報局」。從此情報局的職掌定位在「軍事」領域之內，僅負責作戰有關的軍事情報。在國防組織架構裡，隸屬於軍令系統的參謀總長，受總長辦公室下的作戰次長室管轄。目前我國國防體制雖有軍令、政令的「二元」與「一元」爭論，不管未來如何調整，國防部軍事情報局只管「軍事情報」的定位已然成型，不應再有「脫軌」行爲。

「江南案」是促成情報局改制的「激素」，代價實在太高。本書重提「江南案」是一種正面的反省，另見〈中美情報「合作」案例之反省〉一文。

從「中統局」到調查局

民國建立以後，第一個有情報功能的組織應為民國十七年的「中國國民黨中央組織部調查科」，這是「中統局」的前身，它比「軍統局」約早出現三年多。從「中統局」發展到現在的調查局，大約是七十年的變遷，這是一個非常複雜的發展過程。各時期都有不同的組織、任務、敵人，甚至同一時期爲了「情報」上的需要，也有明、暗不同的組織稱謂。本文簡單概述七十多年前的中統局到現在的調查局這幾十年的變遷。

壹、大陸時期「中統局」的沿革與組織

一、沿革與組織

在大陸時期由於各階段有不同的特別任務，中統局的稱謂至少經過五次正式的改變，還不包含「隱形」稱謂，或刻意公開稱謂的名稱。

(一)中統前身——國民黨中央組織部調查科

民國十七年中國國民黨中央組織部下設普通組織科、海外組織科、軍人組織科、編審科、調查科、總務科等。其中的調查科是中統組織的原始機構，本階段調查科設有採訪、整理、言文各組，十九年再成立「特務組」，任務是中共情報蒐集和破壞指導。初期調查科在各省設有「指導委員會」，在特別市設有「特派員」，後改稱「特務

室」。這個系統（調查科）的負責人，是素有中國「調統機構創始人」的陳立夫先生。

㈡軍事委員會調查統計局第一處

民國二十一年九月因對日本及中共之情報日益迫切需要，軍事委員會成立調查統計局，蔣中正先生任命陳立夫擔任局長，下轄三處。第一處由徐恩曾任處長，掌黨務系統之情報；第二處由戴笠任處長，掌軍事系統之情報；第三處由丁默邨任處長，掌總務。這個第一處就是從前述調查科的基礎建立起來，此時的中統與軍統都還是同一局內，尚未獨立成個別組織。直到二十七年分開獨立前，這個軍事委員會調查統計局有一個隱形稱號「特工總部」。

㈢中國國民黨中央執行委員會調查統計局

抗日戰爭爆發，為增加情報活動力，民國二十七年元月國民政府決定撤銷軍委會調查統計局，將其第一處擴編為中國國民黨中央執行委員會調查統計局（簡稱「中統局」或「中統」）；第二處擴編為國民政府軍事委員會調查統計局（簡稱「軍統局」或」「軍統」）。從此中、軍兩統並立，各行其事，中統和軍統的稱號，不脛而走。

此期間的中統，組織隨著任務而改變。但到民國三十一年局本部組織已擴大到「三組、三處、五室、四會」，人員達七百多人，每日編印敵僞情報、黨派情報、黨政情報，分送層峰運用。各省、特別市也都分別成立「調查室」次級組織。

㈣中國國民黨中央黨員通訊局（後述）

㈤內政部調查局（後述）

二、關於「特工總部」

從民國二十一年到二十七年，中統局由於升高對中共鬥爭及消滅中共的需要，以CC派（陳立夫、陳果夫）爲中心，擴大成立「特工總部」，這其實是中統在此期間的祕密稱謂。內外活動一律用「化名」，不用「總部」名義，如二十五年特工總部化名「華統」，抗日戰爭爆發改稱「魯黎」，組織有內部及外圍兩個系統。

㈠**內部組織**

1.書記室：轄組織、指導、審理、行動等四個課。

2.訓練科：開辦特工訓練班。

3.情報科：轄指導、編審、譯電三個股；一個密電研究室（二十六年又增一個）、三個情報站。

4.總務科：管會計、文書、槍械。

5.總督察：內部成員的忠貞考核，是「特務中的特務」。

6.電訊總臺：對各省市及產業機關的電報收發，及反制敵電訊情報。

7.設計委員會：是局長的諮詢單位，也是問題研究與建言單位。

8.下屬機構：各省設「特務室」，特別市設「區」。

㈡**外圍組織**

1.反省院：管訓共黨、匪諜、漢奸及叛黨叛國分子。每期六個月，經三期尚不能「反省自新」，便要槍斃。

2. 郵電檢查所：情報鬥爭必要的手段。

3. 鹽務緝私督察處：負責在鹽務界做特務工作，成立「鹽務訓練班」。

貳、中統局的黃昏與改制

也許時勢所趨，或許中統局的功能走下坡。先是民國三十一到三十三年間，中統局曾與英國情報機構有過合作，先後組織緬甸工作隊、留印華籍海員工作隊與新加坡工作隊，惟成效均欠彰。加以日本投降後，輿論迫切要結束訓政，實行憲政，中統局要面臨「定位」問題，受到體制規範。爲此，一九四六年初，中統局長葉秀峰多次召開高級幹部會議，提出下列若干對策：

㈠中統局改名稱，但黨的屬性不變。

㈡依照美國聯邦調查局建制，在司法部下設調查局。

㈢中統成員化整爲零安插各政府部門，但實際仍由中統統一領導。

㈣成立私人偵探機構，接受任何人委託辦事。

中統局乃有部分成員轉任其他政府機關，例如內政部人口局、經濟部特種經濟調查處及主計處統計局。

到民國三十六年秋，國民黨中央決議撤銷中統局，改設「中國國民黨黨員通訊局」，直隸中央祕書處，各省市調查室相應改成黨員通訊室。三十七年大陸局勢逆轉，組織崩潰，成員四散。三十八年四月局本部隨政府遷到廣州，此時立法院通過在內政部下增設「調查局」議案，五月「內政部調查局」正式掛牌營運，各省市原中統機關改成「內調局某省市調查處」。又過四個月大陸淪陷，存在大陸二十年的中統情報系統宣告結束。

叁、從內政部調查局到法務部調查局

大陸時期的內政部調查局隨政府來臺，民國四十五年四月十日經立法院第十七會期第十三次會議通過，改制「司法行政部調查局」，六十九年再改制「法務部調查局」迄今。簡述如後：

一、調查局組織

㈠局本部：設有各處、室、委員會、經濟犯罪防制中心、緝毒中心及幹部訓練所等單位。

㈡外勤單位：臺灣省各縣市設調查站，北、高兩市設調查處，福建省設調查處，馬祖設調查站。依業務特性在臺灣省北、中、東、南四個地區機動工作組和航業海員調查處，共三十個單位，執行各項調查工作。

二、調查局職掌

依法務部調查局組織條例第二條規定，調查局爲「掌理有關危害國家安全與違反國家利益之調查、保防事項」。行政院核定其職掌如下：

㈠調查內亂、外患、洩漏國家機密事項。

㈡調查妨害國家總動員、貪汙瀆職事項。

㈢肅清煙毒、妨害國幣、違反電信管理事項。

㈣調查妨害戰時交通電業設備及器材防護事項。

㈤漏稅查緝、上級交辦之調查保防事項。

三、現階段調查局重點工作

㈠維護國家安全：任何危害國家安全、違反國家利益之不法活動，均依法蒐證；掌握並研究敵情，反制中共滲透與顛覆，辦理保密防諜及安全維護。

㈡檢肅貪汙瀆職：局本部成立「廉政處」，各外勤單位設置肅貪科、組，特別針對重大貪瀆案件及工程、鉅額採購、制度漏洞、常年陋規等爲重點目標，防止社會腐化、惡化下去。

㈢防制經濟犯罪：研採防制之道，置重點於偵辦重大逃漏稅、地下錢莊、僞變造貨幣、侵害智慧財產權、電腦犯罪等，以穩定金融經濟秩序；同時加強國際合作，追緝外逃罪犯。

㈣查緝毒品犯罪：遏止毒品及禁藥危害社會，民國八十三年成立「緝毒中心」，結合政府與民間資源，促進國際合作，共同戮力打擊毒品犯罪。

㈤辦理國情調查：以「依法行政」原則及「定位國家」之立場，進行全國性政情、財經、社會、民情、治安、敵情、防制犯罪等之預警與調查。

調查局是國家的重要情治機關，也是重要的國家安全組織，肩負維護國家安全及社會安定之大任。從民國八十四年廖正豪接掌局長，及現任局長王榮周之上任以來，均可看出一個由文人控制（Civilian

－Control）和技術官員的形象已然形成。我國的調統機構從中統時代一路走來，相信調查局就要走向一個現代化、專業技術的調查單位，接受民主機制的監督，促進國家整體民主文化的成熟。

附錄

調查局歷任局長名錄

名稱沿革	姓名	出生年月日	籍貫	到任、卸任年月
中央組織部調查科	陳立夫	民前12年	浙江吳興	16.4～17.6
中央組織部調查科	張道藩	民前14.7.15.	貴州盤縣	17.7～18.3
中央組織部調查科	葉秀峰	民前12.8.25.	江蘇江都	18.3～18.12
中央組織部調查科	徐恩曾	民前15.7.15.	浙江吳興	18.12～22.6
中央組織部中央委員會特工總隊	徐恩曾	民前15.7.15.	浙江吳興	22.7～27.6
中央調查統計局	朱家驊	民前18.4.15.	浙江吳興	27.7～28.12
中央調查統計局	徐恩曾	民前15.7.15.	浙江吳興	29.1～34.8
中央調查統計局	葉秀峰	民前12.8.25.	江蘇江都	34.8～36.6
中央黨員通訊局	葉秀峰	民前12.8.25.	江蘇江都	36.6～38.4
內政部調查局	季源溥	民前6.6.11.	江蘇沭陽	38.4～45.6
司法行政部調查局	季源溥	民前6.6.11.	江蘇沭陽	45.6～47.3
司法行政部調查局	張慶恩	民前10.8.7.	山西徐溝	47.3～53.6

司法行政部調查局	沈之岳	民前2.2.12.	浙江仙居	53.6~67.1
司法行政部調查局	阮成章	民國10.10.26.	漢口市	67.1~69.7
法務部調查局	阮成章	民國10.10.26.	漢口市	69.8~73.6
法務部調查局	翁文維	民國9.8.10.	福建莆田	73.7~78.7
法務部調查局	吳東明	民國26.7.5.	廣東惠來	78.7~84.2
法務部調查局	廖正豪	民國35.3.30.	臺灣嘉義	84.2~85.6
法務部調查局	王榮周	民國35年	臺灣臺南	85.7~

資料來源：高明輝、范立達《情治檔案》（臺北：商周文化出版公司，84年3月5日）。

李登輝時代的國家安全組織與情治機關

所謂「李登輝時代」，是從蔣總統經國先生逝世、「強人魅力型領袖」（Charismatic Leader）結束後，李總統登輝先生繼承大統至今約十年時間。此期間的國家安全組織與情治機關，乃在現有的基礎上加以轉型、調整功能，或加以法制化。「李登輝時代」並非開創時代，而是一個轉型時代。國家安全會議、國家安全局、警備總司令部、調查局、軍事情報局、海岸巡防司令部等單位，在功能與運作上都有明顯的轉變。

壹、國家安全法的建制

民國七十六年七月臺灣地區解除戒嚴，人民開始享有憲法所規定的集會、結社自由，爲規範解嚴後的政治運作及人民政治活動，維護國家安全，這年的六月二十三日先完成「動員戡亂時期國家安全法」。本法第二條「人民集會、結社，不得主張共產主義，或主張分裂國土」。其後，「動員戡亂時期集會遊行法」和「動員戡亂時期人民團體法」等國家安全法之子法均逐一制定公布，此不僅維護國家安全，也爲確保社會安定。

接著是八十年五月動員戡亂終止，八十一年七月二十九日，總統令修正「動員戡亂時期國家安全法」，公布名稱「國家安全法」（簡稱國安法）。全文共十條，第一條「爲確保國家安全，維護社會安定，特制定本法」。規定人民入出境，應向內政部警政署入出境管理局申請許可。第五條規定「為確保海防及軍事設施安全，並維護山地治安，得由國防部會同內政部指定海岸、山地或重要軍事設施地區，畫為管制區，並公告之」。

國安法行之數年，其第二條「不得主張共產主義，或主張分裂國土」。原為確保國家安全，惟近年來有極少數人質疑此舉違憲，這些人認為這是人民言論自由之範疇，法國、日本等國亦承認共產黨在其國內的合法性。不論未來大法官會議將做何種解釋，吾人以為共產主義已是世界潮流末流，日薄崦嵫。而像建國黨成員，以終結中華民國為目標，並以組黨結社及群眾動員為手段，有計畫的執行分裂國土，鐵證如山，這難道也算「言論自由」嗎？

在李登輝時代若不能堅持憲法，維持現行的國安法，則國家分裂可能加速擴大，二千萬人陷於戰火蹂躪，恐是難以避免的劫數。

貳、國家安全會議的調整

國安會是總統主持並決定國家安全政策的機關，成立於民國五十六年二月一日。這時的國安會下轄「四會一局」，即國家總動員委員會、戰地政務委員會、國家建設研究委員會、科學發展指導委員會及國家安全局。前二者於六十一年裁撤，中間二者也在八十年裁撤。

八十年四月二十九日總統頒「國家安全會議組織綱要」，按本綱要，總統爲決定國家安全有關大政方針，主持國安會議，總統不克出席時，由副總統代理之，本會議經常出席人員有：

一、副總統、總統府祕書長、參軍長。

二、行政院院長、副院長、國防部長、外交部長、財政部長、經濟部長、參謀總長。

三、國安會祕書長、總統指定人員。

依本綱要規定，總統於必要時，得召開國家安全會議特別會議，除前述人員外，並得指定立法、司法、考試、監察各院院長、國民大會祕書長，行政院有關部會首長，及其他有關人員出席會議。八十二年重新修訂本綱要，令頒「國家安全會議組織法」，經常出席人員增加國安局局長、陸委會主任委員、內政部長。

國安局前身是總統府機要室資料組，主要任務是蒐集研整各方情報，以供決策單位參考。四十四年三月一日正式擴編核定成立「國家安全局」，隸屬當時的國防會議。至五十六年國防會議取消，改隸屬國家安全會議。

八十年總統宣布終止動員戡亂，並廢止臨時條款，致使國安局無適當法源基礎。經兩年多的改組及調整，終於在八十二年十二月三十日獲立法院通過「國家安全局組織法」，完成國家安全局的法制化。自八十三年元月一日起，國安局依法正式定位為「國家最高情報機關」。

按國安局組織法，局本部下有六處，分別是一處（國際情報）、二處（大陸地區情報）、三處（臺灣地區安全情報）、四處（國家戰略情報）、五處（科技電訊安全情報）、六處（密碼及其裝備管制、研製），另有特種勤務指揮中心等相關部門。國安局為統合協調國家安全情報工作，得召開國家安全情報協調會報，由國安局局長擔任主席，各情治機關首長出席。

對國防部軍事情報局、電訊發展室、海巡部、憲兵司令部及內政部警政署、法務部調查局等這些具有國家安全組織與情治功能的單位，國安局亦負有指導、協調、聯繫之責，以統合國家安全事務。

近年國家發展會議及執政黨討論修憲時，對國安會的角色及功能調整多所著墨。未來可能從「諮詢機構」成為有實權的決策機構，提升總統主持國安會的法律位階，國家安全有關大政方針從寬解釋，擴大國安會參與成員，只要總統認定在政策決定上有必要出席會議的人士，皆可被指定出席。

叁、從「警總」到海巡部

在戒嚴及動員戡亂時期，聽到「警總」二字，大概人人聞之色變，在李登輝時代的前半段，「警總」依然發揮了重要功能。根據國防部組織法第五條及國防部參謀本部組織法第四條規定，於民國四十七年五月十六日成立警備總司令部。各地區成立警備司令部，其職掌按「臺灣警備總司令部組織規程」第二條，爲主管臺灣地區警備、治安、戒嚴、衛戍及協助緝私檢查事務。

說起這個「警總」，其實是由當時的臺灣防衛司令部、臺灣省保安司令部、臺北衛戍司令部與臺灣省民防司令部等四個機構合併而成。在整個威權時代及李登輝時代的前半段，主要任務大體上是：

一、肅奸、防諜與情報；警備、衛戍與戒嚴。

二、執行民防、保防工作，負責機場、港口安全管制。

三、電信防諜偵測、保密監聽、情報蒐集。

四、保防布建、對匪情報、心戰謀略工作。

隨著李登輝的改革構想，民國八十年八月一日行政院政策決定廢止警備總部，改組成立「海岸巡防司令部」。八十二年四月一日海巡部正式完成編組，李總統於是年七月三十日主持軍事會談時，明確指示國防部研定「海岸巡防法」。惟本法草案數年來始終在研審之中，尚未正式完成立法。

按八十五年國防報告書，海巡部現階段任務，爲確保臺澎地區海防安全，「依法協調、統合軍、憲、警、海關等單位，執行反走私、反偷渡任務，及完成地面作戰整備，依命令遂行地面作戰」。海巡部現有兵力約兩萬人，區分成八個海岸巡防司令部。

惟從當前臺灣地區毒品、人蛇走私、黑槍、偷渡等嚴重之程度，不僅瓦解了社會安全體系，更動搖國家安全之根本，顯見海巡部並未發揮預期之功能。但不能把這個罪過全部推給海巡部的二萬多人來承擔，我國海岸巡防並未完成法制化，其定位及屬性均不明。目前海巡任務是由農委會、國防部（海軍總部、海巡部、憲兵司令部）、財政部（海關）、內政部（警政署保七總隊）、法務部（調查局）等單位分別執行，其事權不一，權責不合，成效不彰乃爲必然。

肆、情報局、調查局定位的調整

民國三十五年三月十七日，戴笠因座機失事殉職，是年八月軍統局改組成國防部保密局，到臺灣後又改組成「國防情報局」，此後數十年戒嚴期間，情報局的定位始終在「國防」層次上（詳見〈從「軍統局」到軍事情報局〉）。「江南案」後，情報局的定位又從「國防」調整到「軍事」領域，從無所不管的情報局，轉變成只負責軍事情報，凡與軍事作戰直接相關者才是情報局職責。直到李登輝時代都未改變其角色及功能。

調查局是由大陸時代的「中統局」發展而來（詳見〈從「中統局」到調查局〉）。民國三十七年河山變色，三十八年四月政府遷廣州，此時立法院通過「內政部調查局」成立，可惜不久大陸淪陷。四十五年又改制成「司法行政部調查局」，六十九年再改成「法務部調查局」至今。

在整個戒嚴時期及李登輝時代前半段，大多軍系人馬職掌調查局，七十八年最後一位軍方色彩的吳東明接局長後，八十四年二月廖正豪接任，八十五年六月王榮周再接任局長，文人控制（Civilian-Control）和技術官員的形象已然形成，這是李登輝時代重要的情治機關改革。

我國調查局頗似美國的聯邦調查局，是有情報和治安的雙重屬性。專查販毒、黑槍、走私、貪汙等，這部分與法務部關係密切，也負責情報蒐集工作，依法要接受國安局的指導、協調及支援。從調查局的文人控制、技術、專業形象的建立，接受民主機制的監督，表示我國的民主文化正在日趨成熟中。

李登輝總統運用人脈掌控了國家安全組織及情治機關。任何一位統治者在人事上都會做對自己最有利的布局，絕不可能搬石頭砸腳。在李登輝時代處理的最後一件叛亂案，應是民國八十年的「獨立臺灣會」案。結果在民進黨立委盧修一、洪奇昌、鄭余鎮等人反擊下，群眾吼叫著「白色恐怖」，領導階層「向左轉」，不僅叛亂無罪，偵辦本案的人還丟了官（調查局副局長高明輝便因本案去職）。八十年五月立法院火速通過廢止「懲治叛亂條例」、「檢肅匪諜條例」，將刑法一百條的「內亂罪」也修掉了。

國家安全組織也好，情治機關也罷，美其名曰維護「國家安全」。但國家是由人民、主權、領土、政府四個要素組成，抽離「人民」要素，其餘便成空無，所以人民和國家應爲一體而不是對立。畢竟國家安全組織要維護的是中華民國及其人民。自認叛國無罪的有心人，不妨進一步拿美國憲法看看，他們對叛國罪是如何規定的！

第二篇

英、美、日、中共的情治機關及與我國的關係

關於蘇格蘭場、MI5與MI6

——談英國的情治機關

英國的情治機關頗爲分散，在中央並無統一指揮之體系，其殖民部、自治領關係部、商務部、中央新聞局、國防部、內政部或其他政府機關等，大多設有情報機關。但擁有悠久歷史及現代民主理念者，首推「蘇格蘭場」和軍事情報局。

壹、蘇格蘭場——即「英國皇家情報部」

談起英國的情報工作或人員，就一定會想起「福爾摩斯」這個角色，因爲英國情報人員的形象非常的「福爾摩斯」化，甚至福爾摩斯對蘇格蘭場能有今天格局是有重大貢獻的。在《最後的難題》（The Final Problem）一書就說，蘇格蘭場之有今日這種規模，福爾摩斯的啟蒙之功實不可沒。英國至今許多大學仍以福爾摩斯探案做爲研究課程（《最後的難題》，民國六十四年，時報版）。

「蘇格蘭場」（Scotland Yard），即英國皇家情報部，正式成立於一八二九年（請注意，此時英國的大憲章、權利請願書、人身保護法、權利法典等已頒布施行數百年），至今已快一百七十年。其功能類似美國的聯邦調查局，只是在十九世紀時並未把情報內容區分成軍事或非軍事。在這漫長的歲月中，許多傑出人士投入蘇格蘭場的情報工作中，《魯濱遜飄流記》的作者丹尼爾蒂福（Daniel Defoe，1661－1731）是高級情報員，此事在他死後五十年才解密（國家安全局，情報法則，第二章）。創造福爾摩斯的柯南道爾是情報顧問。

福爾摩斯只是作家創造出來的人物。他的創造者是柯南道爾（Sir Arthur Conan Doyle，1859－1930），於一八五九年五月二十二日出生在蘇格蘭愛丁堡的一個世家，先祖領有愛德華三世的采邑。柯南道爾本人於一八七六年進愛丁堡大學學醫，一八八一年夏天得到醫學士學位，一八八二年七月開始懸壺，但因診所生意不好，轉而寫偵探小說。一八八六年三月完成〈血字的研究〉（A Study in Scarlet），次年發表在《比頓雜誌耶誕特刊》第二十八期，「福爾摩斯」（Holmes）在這篇小說中第一次正式登場，從此馳名全球。

終柯南道爾之一生，完成福爾摩斯探案，共有四部長篇及五十六個短篇。除了柯南道爾本人曾任蘇格蘭場情報顧問外，這些偵探小說也成爲該場重要的教材。附帶一說，柯南道爾在小說中的分析、判斷、推理，受心理分析影響很大，他與同時代的弗洛依德（Sigmund Freud, 1856－1939）有許多對話，兩人眞是英雄相惜。

貳、「MI5」——即「陸軍部軍事情報局第五處」

英國陸、海、空三軍分別成立軍事情報單位，較早者是陸軍「軍事情報局」，成立於一九一三年。這並不是說在一九一三年以前英國沒有軍事情報機構，而是一八二九年成立的蘇格蘭場（皇家情報部），其情報人員遍及全球的殖民地，功能與情報蒐集均包涵了軍事領域。但到了一九〇九年即成立一個「隱形軍事情報機構」，稱「MI5」，全名是「軍事情報局第五處」（Military Intelligence Section 5），重點是國內情報工作。

爲了保持「絕對機密」上的需要，它成爲一個「隱形單位」，所有預算都隱藏在政府各部門。在一九八九年以前英國政府「故意」不承認MI5的存在，反對黨也都能合作。

MI5在兩次大戰期間的主要任務是反間諜工作。二次大戰後的主要工作是對付前蘇聯及東歐集團的情報人員，現在主要任務是遏阻北愛爾蘭的暴力攻擊、緝毒臥底、監視外國極端組織與外國情報機構。MI5的首長歷來都是男性，對外一向不公開，到一九九一年史蒂拉·雷明頓女士獲任命爲首長爲止，身分也都保密。

冷戰結束後，英國情報人員一樣面臨不知爲何而戰的困境，然基於國家安全的顧慮，仍需調整及轉型。姿態一向很高的MI5情報人員，以往似乎只看得上牛津或劍橋的高材生。自一九九七年五月開始，卻有許多開放政策，包含在報上登廣告徵求情報人員、提供祕密檔案供歷史學家研究、設立國際電腦網路解釋MI5的角色。

英國的情治機構在組織上甚爲龐雜，只得在內閣設直屬常設委員會，約略構成指揮體系上的統一。凡與國家安全相關的重大國家或戰略情報，最後控制權都在內閣首相，這可能也是內閣制的特性。

叁、「MI6」──陸軍部軍事情報局第六處

英國直到第二次世界大戰結束時，都還算是個「日不落國」，如何去了解與控制分布在全球的許多軍事基地、殖民地、潛在敵人，就有賴「MI6」。例如二次大戰一開始，全歐對德國的情報組織、特別情報部、海外情報部的了解，就屬MI6首屈一指，德國對英倫三島終致無可奈何。太平洋戰爭時，英國在馬來半島、幾內亞、梭羅門群島、緬甸、泰國等地的情報組織，另稱「斐迪南機關」，後改為「聯盟情報部」（AID），但其上級司令部都是「MI6」（陸軍部軍事情報局第六處），只是海外情報部的代號。調查香港「最後總督」彭定康洩密案是MI6的工作。

英國是老牌民主國家，典型的兩黨政治，執政黨和在野黨有許多磨擦是必然的。但為了國家利益就會不計嫌隙，英國的情報預算從來

在臺面上只能看到十分之一，其他的十分之九都是「隱形預算」，不僅不公開，而且以政府其他部門名義編列，可見英國人對情報工作的共識頗高。

附註：《最後總督》一書作者是英國名作家丁伯利白，該書主述彭定康自一九九二年到一九九七年任職香港總督經驗，曾論及英國與中國的若干「祕密協議」，指出前外相侯艾在內的一些高層官員，不惜對中共採取「叩頭主義」，以換取英國利益。犧牲香港六百萬人民權益，阻止香港民主發展。據MI6調查，彭定康可能把機密外洩給丁伯利白，而違反「公務員保密法」被起訴。MI6另一個稱謂是「英國海外情報局」。關於本案可見一九九七年八月問國內外各報導。

CIA、DIA與FBI
——談美國情治機關的轉型

提到美國的情治機關，首推號稱「國家安全三大組織」中央情報局（Central Intelligence Agency, CIA）、聯邦調查局（The Federal Bureau of Investigation, FBI）與國防情報局（The Defense Intelligence Agency, DIA）三者。

此三者在冷戰時代的任務頗爲「定型」，CIA爲對外蒐集情報資料總匯，提供國家安全會議及聯邦調查局必要的情報資料，並進行國家安全情報評估。FBI負責國內安全工作，執行國內反情報任務。DIA則統裁軍事情報系統，並可經國防部而逕達總統。但冷戰結束後，兩極對立雖然結束，區域衝突與恐怖主義卻升高了全球緊張情勢。特別是美國，身爲全球第一超強，負有國際警察的任務，幾乎所有區域衝突（戰爭）美國都不能坐視不管，乃經常成爲恐怖主義者攻擊的對象。面對後冷戰時代，美國必須維護國家利益、安全及執行其國際新秩序政策，邁過西元二〇〇〇年，情治機關也早已展開必要的轉型。這個轉型的「關鍵點」是一九九五年十月六日，柯林頓總統發表外交政策演說，對孤立主義大加抨擊，宣稱許多全球性問題，如環保、毒品、恐怖主義攻擊、經濟及移民等，把國內與國外畫分的涇渭分明已是毫無意義。世界在快速變遷中，疆界正在衰退。情治機關要把國內與國外連成一氣，這個轉型就是更強化它的國際化。

壹、中情局（CIA）——美國「無形政府」

中情局負責外國政治、經濟、社會、軍事、科技等情報。局本部下設若干處，因中情局的海外工作活動，對整個世局及美國國策均發生重大影響，可以說是「美國人價值觀」的展現者與執行者，故世人對中情局有美國「無形政府」之雅稱。在國際上有許多大案都是CIA接辦，遠如一九八五年前蘇聯國安會（KGB）高級間諜尤欽柯（Vitaly Yurehenko），在羅馬（Rome）投誠，經CIA接回美國，同年底又逃回蘇聯駐華盛頓大使館一案。

近如一九九六年六到七月間，由中情局策畫推翻伊拉克總統海珊失敗一案，導致伊拉克軍官和幹員數百人被捕，數十人被處決。本案曾由中情局局長杜奇親自保證，可在一年內由內部推翻海珊，不料被海珊的情報單位事先破解，瓦解了這項耗資二千萬美元的情報行動。

這是柯林頓總統授權的最大規模情報計畫，本案的失敗即是美國CIA執行「國際新秩序」與「美國人價值觀」，有史以來美國情報界最大挫折。

CIA 情報員遍布全世界，但活動掩護手法不外三種。其一爲徵募記者從事諜報工作；其二由情報員以合法的記者身分爲掩護；其三以外交官身分爲掩護在駐外使館公然活動。前兩種利用媒體的方式，在一九七七年中情局表面上宣布不再使用。但因情報這行業「運用之妙，存乎一心」，沒有一定行爲準繩，假冒記者的案例，仍層出不窮。

目前爲基於保護記者安全與維護新聞道德責任，美國的媒體領袖開始公開反對CIA 利用媒體做掩護，CIA 也受到各方質疑其作法有違憲的顧慮。看來冷戰結束，情報這行飯也愈來愈難混了。在一九九六年中，CIA 共在報紙登六十則廣告，期刊雜誌也登了一百二十則，電腦網頁上更全年刊出，誠徵專才。廣告說辭幾乎是詹姆士龐德的再版，儘管廣告說得天花亂墜，響應的菁英始終很有限。

貳、國防情報局（DIA）——曾是一條變色龍

美國的陸、海、空三軍都分別有情報處，但國防部仍成立國防情報局（DIA），爲著眼於負責國防部長、參謀首長聯席會議主席和其他非國防機構，有關軍事情報的協調。但DIA晚到一九六一年才成立，即快速成爲美國情報體系內的一顆明星，地位凌駕其他情報機構之上。

原來在雷根總統就任之初，正值「美國的衰落」，爲了重振美國雄風，也爲了對付當時強大的蘇聯威脅，雷根提出「軍事第一」政策。而DIA在情報蒐集與評估方面也受到肯定，故在雷根時代DIA即從受CIA節制，一變而凌駕到CIA之上，也刺激了CIA的情報功能。

冷戰到了末期，DIA慢慢回歸到它限於軍事情報的範疇。只是軍事情報人員如同美國的三軍武裝部隊，分布在各大洲、各大洋，隨時蒐集或報告全球各地區所有可能發生軍事衝突（戰爭）的情報。不僅對現況要有正確判斷，對未來也要有科學的預測，以使武裝部隊有足以先期準備的「前置量」。

DIA最近呈給參議院情報委員會的報告，是由局長休茲在一九九六年五月提出，八月該委員會才公諸於世。這份報告評析俄羅斯軍力在衰退中，目前且不到前蘇聯戰力的一半，雖仍可保衛本土及鎮壓境內叛軍。但十年內可能還無能力進犯中國大陸，並且也無法重新取得前蘇維埃時期可迅速對歐陸發動計畫戰略攻擊的能力。

叁、聯邦調查局（FBI）二〇〇〇年前完成全球部署

調查局本來的任務是內部安全及國內反情報工作，但因近年發生

數起嚴重威脅國家安全事件，迫使它必須盡早完成全球部署，把觸角伸向國際。這些案件舉例如下：

一、一九九六年六月二十五日晚間十點（臺北時間：二十六日凌晨三時三十分），駐沙烏地阿拉伯美軍遭恐怖攻擊，死傷數百人。柯林頓指派調查局支援沙國調查。

二、一九九六年七月二十八日，美國亞特蘭大奧運公園爆炸案，兩死百餘人受傷。

三、一九九六年七月十七日環航公司八〇〇班機在紐約長島外海上空爆炸案，全機墜進大西洋，二百三十人死亡。

當然，更遠的恐怖攻擊還有很多，如一九七二年慕尼黑奧運的「黑色九月」等。近年美國人感受到恐怖分子傾向美國境內挑戰，而其幕後黑手則遠在國外。柯林頓總統在爭取第二任連任時，就以打擊犯罪與恐怖主義，維護國家的內部安全決心得到選民支持。爲此，聯邦調查局勢必盡早完成「全球部署」，而此時FBI只有在全球二十三個國家有辦公室。

一九九六年八月十九日，柯林頓批准一項計畫，將在四年內大幅擴充FBI的海外據點與人力部署。從目前的二十三個國家有辦公室，擴充到四十六個國家。以對抗日益升高的走私、毒品、恐怖主義及黑社會等暴力攻擊。

肆、「美國國家安全的重大議題」——從永豐案說起

冷戰結束後，軍事情報網似乎清閒了下來，產業情報的重要性大幅升高。美國FBI在一九九四年成立「經濟反情報」以來，經濟間諜案件成長百分之一百。民國八十六年六月十七日，我國永豐紙業公司人員及交通大學教授在美國波士頓，以竊取必治妥藥廠的抗癌藥「TAXOL」藥方被捕，目前以違反「經濟間諜法」起訴（註）。無論本案以後如何判決，但從FBI處理「永豐案」，可以看出幾點重大

意義。

一、FBI引用「經濟間諜法」來處理「永豐案」，本法於一九九六年十月在參、眾兩院通過。立法過程的聽證會中，調查局局長杜奇在國會作證指出，外國竊取美國商務機密，即爲構成「美國國家安全的重大議題」。

二、根據本法，爲外國政府、公司或個人偸竊經貿、商務機密將構成聯邦重罪。若爲外國竊取美國商務機密，則爲對美國國家安全構成威脅。得處二十五年有期徒刑和二十五萬美元罰金，犯罪者若爲組織，罰金可達一千萬美元。

三、FBI主導「永豐案」的人是威廉女士（Jerry William）、約翰哈特曼、路特（Bob Reutter）等人。本案倒底是「誘餌」，還是國人不重視人家的智慧財產權？案情仍撲朔迷離，但可說明一點：FBI也不是省油的燈！

本文雖僅介紹三大情報組織，惟嚴格說來，具有情報功能的機構，按單位算應有九個：中情局、調查局、國安局、國防情報局、陸軍情報署、海軍情報署、空軍情報署、財政部特勤處、國務院情報處等九個單位。在參、眾兩院則分別設立情報委員會，但負責全國有關安全、情報而能總其大成，以維護美國國家安全者，是根據一九四七年國家安全法（National Security Act）所設立的「國家安全會議」（National Security Council, NSC）。總統即國安會主席，透過全國各種情治及安全機構，維護美國的國家安全。

附註：「TAXOL」是美國必治妥藥廠生產的抗癌劑，從太平洋紫杉醇（Paclitaxel或稱Taxol泰克索）中提煉而來。太平洋紫杉醇即俗稱「臺灣紅豆杉」（TAXUS CHINENSIS REHDER），常綠大喬木，直徑可達一百公分以上，產於阿里山、埔里櫻峰、大甲溪上游沿岸及中北部海拔一千至二千公尺處。關於「永豐案」，可見民國八十六年六月十八日後國內外各媒體報導。

CIA的組織與運作

美國在太平洋戰爭發生前，尚無中央統攝的情報機構。其中中央情報局（Central Intelligence Agency, CIA）的設立，實受到日本成功地奇襲珍珠港，中國方面能截獲情報，而美國方面不知情，也沒有重視我國的情報，遭致重創，幾乎動搖國本的刺激與教訓。痛定思痛之餘，遂成立一個中央情報機構「戰略活動局」（OSS）。但戰後杜魯門總統認爲「戰爭已結束」，把OSS撤掉，又導致海、陸軍與國務院的情報常有出入，似欠缺一個統裁單位，於是成立「國家情報局」（CIG），接著是冷戰時代的來臨。

一九四七年美國通過「國家安全法案」，同時依據本法裁撤CIG，同年九月十八日成立CIA。首任局長是海軍司令赫倫凱達，但CIA能有今天的規模與制度，歸功於第二任局長史密斯，他從一九五〇年秋至一九五三年元月任局長，美國人稱他「CIA之父」。

壹、CIA的組織與指揮系統

CIA局本部位於華盛頓郊外，下有情報、蒐集、研判、偵聽、總務等各處及直屬海外分支機構。其指揮系統如下表。

CIA在全國所有情治機構中雖有統裁、協調之地位，但許多重大任務並非CIA可以獨立完成，其他的協力機關如下：

一、陸軍情報署（簡稱G2）。

CIA 之指揮系統

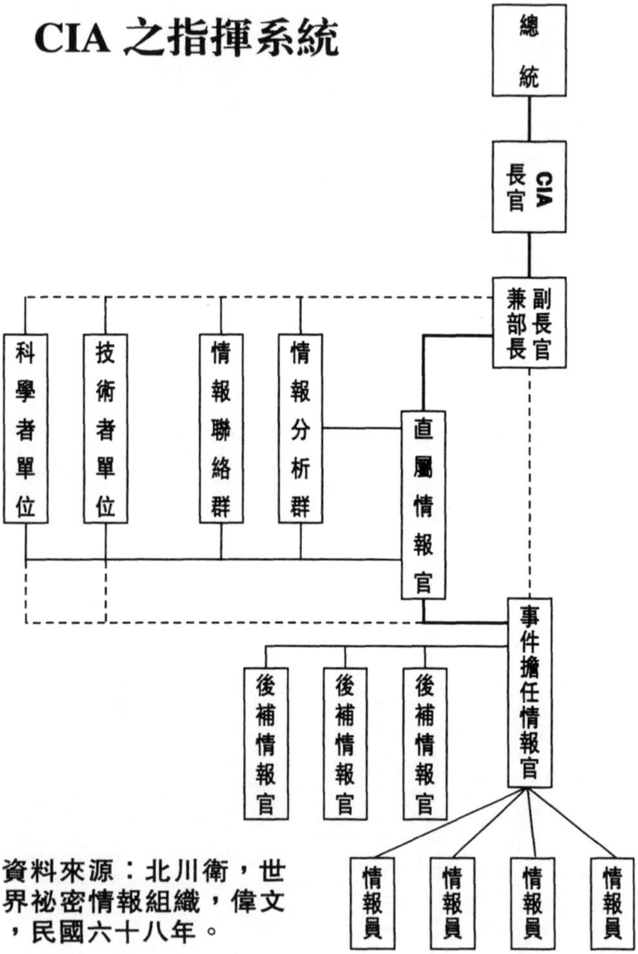

資料來源：北川衛，世界祕密情報組織，偉文，民國六十八年。

二、海軍情報署（簡稱ONI）。

三、空軍情報署（簡稱A2）。

四、原子能委員會（簡稱AECO）。

五、聯邦調查局（FBI）。

六、國務院情報調查局。

七、國家安全局（NSA）。

八、國防情報局（DIA）。

以上各情報機關中，NSA 和DIA 是協助CIA 最重要的兩個機關。DIA 是三軍情報工作的總司令部。但國安局（NSA）的成立並非依據「國家安全法案」，而是一九五二年時依據杜魯門總統的行政命令祕密設立的。

貳、CIA的任務

根據美國「國家安全法」第一二〇條，CIA的任務有五項：

一、維護有關國家安全的情報活動，向國家安全會議提出報告。

二、政府各部門的情報活動，勿發生錯誤或重複現象，向國家安全會議提出忠告。

三、整理維護國家安全有關情報，擇其重要且有價值者，傳知政府當局。

四、根據「國家安全會議」決議，執行有關情報活動。

五、針對情報活動性質，受理國家安全會議所指示的其他調查工作。

從這五項法定任務看，CIA就是蒐集各種情報，研判整理後向政府主管單位提出報告。其最終之目標是維護國家安全，凡有不利於美國或違反國策者，不論國內或國外，都要盡早發覺，早謀對策或消除不安全因素。

叁、CIA情報人員賴以完成任務的軟硬體

CIA人員都是來自各大學的高材生，目前國內外總數約有三萬多人，全是一流的專家、科學家，約有六成是博士。早期這些CIA人員分兩類，一類是「黑組」，就是眞正的情報人員，奉命執行各種祕密任務。一類是「白組」，在本部上班，專做各種調查、分析、判斷、研究和實驗等工作。隨著世界情勢趨向多元、複雜，這種「二分法」的彈性愈來愈大，其實目前已經形成「因事設人」的多類分組。

CIA的情報人員爲了完成「神聖使命」，必須有一流的智慧、能力外，也要有最好的硬體裝備配合。電影上看到情報員使用各式裝備，在CIA來講都是眞的，位於華盛頓郊外的本部有科學實驗室，

專門研製ＣＩＡ情報人員所用的各式裝備。

肆、CIA禁不住的戒律——暗殺

古往今來，任何人或任何集團都知道「暗殺」是違反道德，違反法律及違反社會發展，但始終不斷發生，特別在政治領域中常用來把對手「處理」掉。在國家與國家鬥爭中，凡對「我」國家安全有危害者，用暗殺手段把「目標」消滅更是被合理化。在冷戰時代，東西方兩大陣營的情報人員使用暗殺手段也是不勝枚舉。

美國在冷戰時代與國際共產主義展開激烈鬥爭，CIA 情報人員不僅使用暗殺手段，更介入若干大型的暗殺案件。一九七五年一月二十七日美國參議院成立「情報活動調查委員會」，調查CIA 介入外國政要暗殺的內幕。這些大案是：

一、一九六〇到一九六五年間，CIA 參與古巴總理卡斯楚暗殺計畫案。

二、一九六一年CIA參與剛果總理盧默貝（Lu mumba）暗殺案，盧默貝被殺身亡。

三、一九七三年CIA參與智利參謀總長舒耐德（Schneider）暗殺案，舒耐德將軍被殺。

四、一九六一年CIA參與多明尼加獨裁者托魯希爾暗殺案，托魯希爾被反政府組織殺害身亡。

五、一九六三年CIA參與越南總統吳廷琰暗殺案，吳廷琰及其弟弟吳廷瑈雙雙被刺身死。

「暗殺」必須在人類文明社會中禁止，一九七三年後CIA局長經常「三令五申」禁止暗殺手段。一九七五年十二月十五日參議院軍事委員會申明：「廢棄一切暗殺行動」。畢竟情報工作也需要有共同的「遊戲規則」，所謂「民主法治」是要用合法手段維護國家安全，不能做非法的事。

美國中央情報局近半世紀來的表現，也算是「轟轟烈烈」。但因參與世界上許多爭議性很高的大問題也飽受批評，在參與中國事務這方面文中所提不過列舉大端，其他還有很多在歷史的「黑盒子」中。一九五九年CIA 協助西藏流亡領袖逃離中國大陸，達賴一行人是當年三月十八日起程，經長途跋涉，危機重重，三月三十一日終於跨過中印邊界到達印度境內，爾後又協助西藏地下抗暴，建立各地人權組織及流亡政府。

中美情報「合作」案例之反省

——「西方公司」與「江南案」

前記：本文所舉兩個案例的當事人有許多仍然在世，惟因其真人真事已經許多傳播媒體、報章雜誌與專書報導過，故本文仍沿用真實姓名。作者無意再揭疤痕，為讓歷史回復真情，產生深刻之反思，惕勵後世，也需要讓當事人「說話」。

中美兩國在近代史上關係非常密切，特別是兩國的情報機構曾有許多交手、合作，或在某種機緣上共同介入同一個歷史問題，或某一重大事件。例如在大陸時期由「軍統局」系統成立的「中美合作所」，就是兩國情報單位合作成功的範例。國府遷臺後，原本美國已經放棄臺灣，誰料到韓戰又爆發，美國被迫又要介入中國問題，兩國的國家安全組織與情報單位又有了合作機會，此即「西方公司」。至於「江南案」，我國情報局和美國聯邦調查局交手，則是一個歷史的偶然。

壹、美國CIA在臺灣——西方公司與六九八七保安大隊

韓戰爆發改變美國對華政策，一九五一年五月一日「駐臺美軍顧問團」（U.S., Military Assistance Advisory Group/ Republic of China on Taiwan）成立，由美國陸軍少將蔡斯（Major General W. C. Chase, US Army）擔任團長，展開爾後中美共同防禦之新頁。從韓戰爆發後，到中美斷交，此期間美國CIA與我國防部有密切合作，

大體區分兩階段：

一、「西方公司」階段

到民國三十九年，中共已經完全掌控整個大陸，惟從上海到香港這一千多公里的海岸線上，尚有五十多個島嶼由國軍所控制，島上有十六萬五千餘居民，由國防部大陸工作處收編爲游擊隊，對中共進行游擊作戰。他們經常進出沿海，深入內地，直接獲取中共政軍經心等有關情報。當時美國迫切需要中共的情報，游擊隊是最有效的情報來源，這也是美國CIA成立「西方公司」的背景。它的全名是「西方企業公司」（Western Enterprises, Inc.），表面上是船務公司，實際上做情報工作，概述其職務與始末。

㈠西方公司由中央情報局出面籌組，負責游擊隊的給養、裝備、訓練、作戰與指揮（當時國軍已無力爲之）。西方公司也成爲這些海上游擊隊的「地下司令部」，美國也獲得所要情報，各取所需。

㈡西方公司在金門、澎湖及臺灣淡水設立「游擊訓練中心」，由中央情報局專家協訓游擊隊幹部。

㈢遴選優秀游擊隊員，派赴太平洋塞班島上的美軍特種作戰中心接受高級訓練。

一九五五年五月「孫立人事件」，促使政府要清除美國對我三軍武裝部隊的過度干預，西方公司被迫中止活動。國防部也收編游擊隊，加上自朝鮮戰場及滇緬邊區歸來戰士，共同編成「反共救國軍」。

二、「六九八七保安大隊」階段

西方公司的活動結束，但基於中美共同軍事防禦及美國需要了解整個遠東情勢，仍需要自行蒐集中共情報。中央情報局旋即在臺灣林口美軍通訊站成立「六九八七保安大隊」（Security Group），用強力電訊設備，截聽中共的軍事通訊並加以破譯。此後美國CIA專業人員以美國國防部文職人員身分來臺，全盛時期曾有千人之眾，越戰後逐漸減少，到一九七七年保安大隊活動全面中止。

前述不論西方公司或保安大隊，都只是CIA在臺灣的外圍機構，CIA在臺灣的眞正指揮中心是CAT民航公司（Civil Air Transport Co.）。這是美國空軍飛虎隊員在抗戰勝利後第二年，在中國成立的民航公司，隨政府撤退來臺，民國三十九年CIA取得這家公司經營權，並做爲「情報總部」。整個一九五〇年代期間，美國中情局利用CAT飛機，從臺灣出發，在西藏、南亞、中南半島、朝鮮及中國大陸各地，進行許多特勤工作、祕密作戰及情報蒐集等任務。這些活動也隨著冷戰情勢與美國政策而減緩，到一九七四年宣告中止。

貳、美國FBI與我國情報局的偶然交手
——「江南案」

「江南案」可算是當時我國防部情報局局長之授意與主導，竹聯幫人員執行，案發後美國FBI與警方展開調查，兩國的情治機關只是

一個偶然的交手。由於本案促使情報局改制，也可使國人反省過去與策勵未來，是一種「不該發生但很有價值」的案例，現概述如後。

一、案發當時的人物與角色介紹

劉宜良，筆名「江南」，作家。

崔蓉芝，劉宜良之妻。

汪希苓，國防部情報局中將局長。

胡儀敏，國防部情報局少將副局長。

陳虎門，國防部情報局第三處上校副處長。

陳啟禮，綽號「旱鴨子」，竹聯幫老大。

吳敦，竹聯幫大護法。

董桂森，竹聯幫忠堂堂主。

張安樂，綽號「白狼」，竹聯幫成員（外稱「長老」）。

白景瑞，電影名導演。

帥嶽峰，竹聯幫成員。

（以上稱謂依《傳記文學》民國八十三年八月號刊載，以下直稱姓名。）

二、案情經過摘要

㈠民國七十二年七月間，陳啟禮、吳敦為鞏固日益龐大的竹聯幫勢力，經由帥嶽峰安排，與白景瑞宴請汪希苓。同年八月二日，汪希苓宴請陳啟禮等人。席間提及劉宜良深受國家培植，在美國發表不利國家之言論，應予教訓。

㈡陳啟禮旋即赴美，到洛杉磯、舊金山會見吳敦、董桂森二人，研究策畫暗殺劉宜良。七十三年十月十五日，吳、董兩人到達劉宜良在舊金山帝利市（Daly City）希爾佛街的寓所，上午九時二十分槍殺劉宜良於車庫內。同日，陳啟禮為防「被人反咬」，把全案製成錄音帶交張安樂保管，即分批回國。「江南案」於焉爆發。

㈢十月下旬，陳虎門代表汪希苓接見吳敦、董桂森，盛讚二人「為國家立了大功」。惟十一月美國情治單位已查知兇手何人，我情報局爲免涉入，藉「一清專案」爲由，於七十三年底先後拘捕陳啓禮、吳敦，而董桂森逃往菲律賓。

㈣七十四年元月，張安樂把陳啓禮的錄音帶交給美國FBI。三月，汪希苓、胡儀敏、陳虎門三人開始接受軍法審訊；四月，臺北地方法院裁定陳啓禮、吳敦罪名成立；九月，董桂森在巴西被捕後引渡返美受審。江南遺孀崔蓉芝隨即在美控告臺灣當局，要求賠償美金二億元。

三、全案結果

「江南案」經多年興訟，最後於七十九年十月達成庭外和解，政府基於「人道原則」給予劉宜良的遺孀崔蓉芝及其子適當撫卹，含律師費共給付二百七十四萬美金。崔蓉芝及其後代放棄「江南案」追訴權，並不得將本案寫成小說或拍成電影。

八十年元月二十一日，法務部長呂有文批准汪希苓等人假釋出獄，至此「江南案」全部涉案服刑人員都已獲釋。五月二十七日，崔蓉芝葬江南骨灰於安徽黃山「龍裔公墓」。「江南全史」畫下了句點，但我們仍須反省。

叄、對「西方公司」與「江南案」的反思

一個民族能不能興盛發展，端靠這個民族的成員有沒有反省、反思之能力。愈有反省、反思能力，民族愈能發達；反之，則趨向衰落。因此，我們不要以爲「西方公司」或「江南案」之類者，早已是歷史陳案，檢討過去使我們策勵將來而能「不二過」。

一、情報活動雖是祕密性的，但國與國之間只要有邦交存在，相互派遣情報人員幾乎是公開的祕密。各國派在駐在國大使館的人員都有相當比例是情報人員，大使館是身分掩護的合法處所。所以情報活動象徵著高度的政府間行爲，中止邦交等於正式情報活動的停止，所要情報只好全靠「非正式」或其他更祕密、非法的管道。從「中美合

作所」、「西方公司」或「六九八七保安大隊」的起起落落，正好反應每個時代中美關係的好壞情況。

二、美國中情局人員能夠大批來臺合法活動，是基於共同防禦及執行「臺灣海峽中立化」政策的需要，進而使國軍「美軍化」，轉化當時臺灣成爲一親美政權。此一企圖被當時　蔣公迅速阻止，並中止「西方公司」的活動，半個世紀後的今天再來看當時　蔣公的決心與處置，仍是正確的。

三、關於「江南案」。一直到最後以庭外和解結案時，崔蓉芝仍堅信「汪希苓後面的那一隻手，總有一天會被抓住」。依作者所見並沒有所謂「後面的那一隻手」。研究英、美、日本及我國近代的情報組織，觀察其情報活動與工作模式，似未見其「最高當局」或國家領導人，會「授意」或明確指示其情報機關負責人，去把某人「暗殺」了。但暗殺仍時有發生，這是由於情報機關負責人（局長），基於他的職責、認知及價値觀上的判斷，所得到的決心與結果。獨立判斷，獨斷專行才能展現他的擔當，汪希苓獲釋後表示「做出其自認爲該做的事」就是明證。

四、打開人類情報活動工作史，暗殺在我國春秋時代都還算合法行爲，經過兩千多年的變遷發展，暗殺已成爲違反情理法及道德的行爲，任何理由都不足使暗殺合理化。但暗殺在政府行爲領域內並未完全禁絕，號稱先進民主的美國，到一九七五年參議院特別委員會調查CIA 參與暗殺內幕（見「CIA 的組織與運作」一文）後，參議院軍事委員會才明令「廢棄一切暗殺行爲」。更早的只有一九七二年中情局局長亞倫斯表明立場，發出禁止暗殺命令。

歷史是一面鏡子。女人想要愈來愈美麗、滿意，要常用鏡子；人類生活發展想要愈來愈好，也要常用歷史這面鏡子，引爲殷鑑，才能做出正確的選擇，眞正維護到國家安全，而不會對「人」造成非法或無謂的傷害。

後記：到一九七七年美國CIA 人員正式結束在臺灣的活動，是否此後

臺灣就沒有CIA 的影子呢？非也！美國在臺灣有重大利益，臺灣安全也關係到美國安全。一九八七年CIA 策動當時我國任核能研究所副所長的張憲義上校，攜帶我國核武發展機密計畫叛逃到美國一案，即是最好例證。張憲義在一九六〇年代還是學生時，就被美國中情局吸收並長期培養成為在臺灣的間諜。一九八七年他叛逃到美國，提供臺灣發展核武情報，使美國國務院得以對付臺灣，要求臺灣中止核武發展。

日本情報機關的轉型——

重建「梅蘭竹菊松」式的情報大國嗎？

談日本的情報工作，就會連想到「川島芳子」的影子。恰如談英國的情報工作連想到「福爾摩斯」和詹姆士龐德一樣。其實日本的情報（東方國家名稱：特務）亦堪稱世界一流，以深入、徹底、不擇手段、能用女色，及建立許多體制外特務機關而聞名於世。

壹、日本戰前特務機關——梅、蘭、竹、菊、松

早在一百多年前（一八九一年）成立的「黑龍會」，是日本最大的體制外特務組織。其成員上至將軍、外交大臣，下至浪人、武士、殺手都有，早期僅二百多人，抗戰時期達萬餘人，領導人即為土肥原賢二，他也是關東軍奉天特務機關領導人。

在侵略中國時期，日本的情報政策不外「婊子政策」（如川島芳子、李月清等人）；「會門政策」，利用漢奸、宗教組織、會黨、黑社會等。最有名的是在中國派遣軍總司令部下轄的「梅、蘭、竹、菊、松」五大機關，如下表。

這些情報機關與當時我國的情報組織，如中統局、軍統局、力行社、復興社等有過「精采的演出」。戴笠將軍是當時中國情報工作的奠基與領導人（《傳記文學》出版社已出版系列相關圖書）。

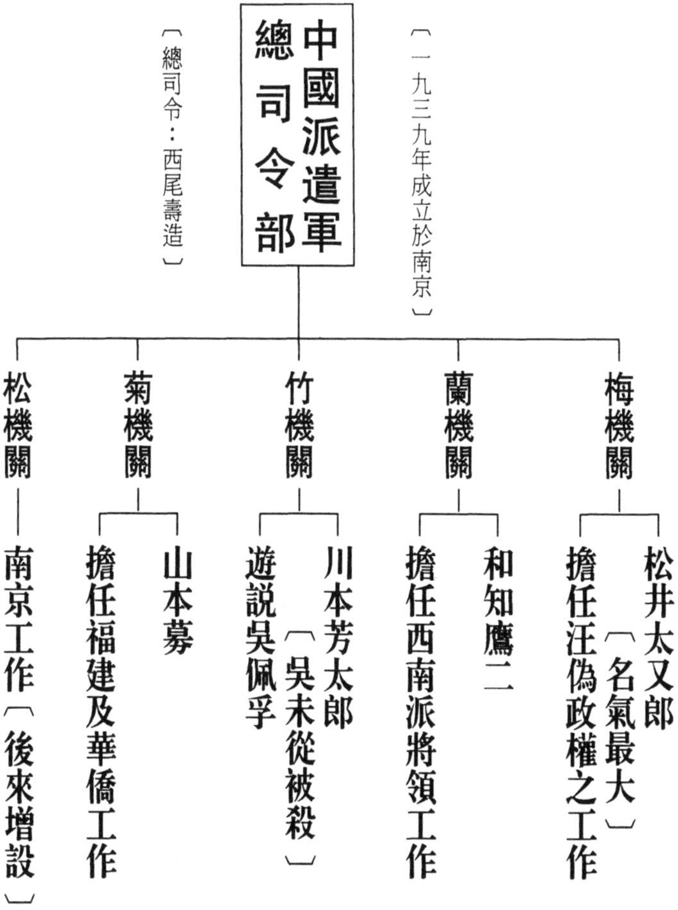

抗戰期間日本情報網運作附表
製表：臺灣大學，曹祥炎

貳、戰後日本的情治機構

第二次大戰的無條件投降，應是日本朝野反省、蛻變、轉型與重生的良機。在新憲法第九條規定「放棄戰爭」，亦不准建立正規軍，只能設立「自衛隊」，國家安全的維護幾乎全賴美國的承擔（理論上日本沒有正規軍，實際上日本自衛隊已是全世界第三強的軍隊）。

戰後日本在理論上放棄戰爭，然而做為一個現代主權國家仍有相當程度的情報活動，情報機構如：

內閣調查室（總合判斷）。

公安調查廳（危險分子調查）。

警察廳（預防犯罪調查）。

防衛廳（國內外軍事情報）。

海上保安廳（防止外國間諜）。

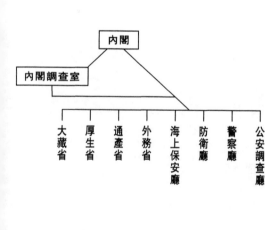

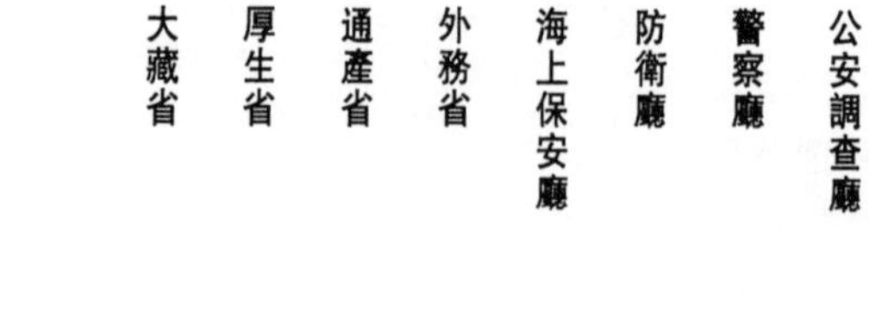

外務省（外交情報）。

通產、大藏省（經濟情報）。

前述各情報機構中，以內閣調查室較有情報活動規模，成立於一九五二年八月時的吉田內閣，依據內閣官房組織第四條「蒐集並調查和內閣有關政策的重要情報」。其下有六部，各有職掌：

第一部：國內情報。共產黨爲主要對象。

第二部：國外情報。國際共黨情報爲主。

第三部：情報交流。國內或國際有關情報交流。

第四部：電訊接收。收聽、記錄外國廣播。

第五部：資訊分析。新聞、雜誌等媒體分析。

第六部：計畫統裁。前述各部統裁，宛若司令部。

此外尚有總務部、會計部，惟其情報活動已大不如戰前。既然戰後日本的國家安全大部分由美國承擔，並簽訂美日安保條約，故理論上戰後日本並不需要有多大的情報組織。爲內部安全及自衛隊的需要，其情治工作大體上由內閣調查室情報部、法務省公安調查廳及外務省、防衛廳等單位的情報部門負責。

檢討戰前、戰後百餘年間，日本的情報工作曾有高水準的表現，也有「跌破眼鏡」的時候。舉例如：

一、一八九五年馬關條約談判，我國密碼早被日方破譯，談判底線暴露。導致談判過程及條件完全被日本掌控。

二、一九七一年九月十三日林彪事件，日本在九月二十二日即透露。

三、一九八三年九月一日大韓航空被擊落事件，日本最早掌握事實眞相。

四、一九四三年四月十八日山本五十六被擊落案，即密碼被美國人破譯。

五、一九九一年八月十九日俄羅斯政變，日本情報訊息反應遲鈍。（國際情報掌握在美國之故）。

叁、日本情報機關的轉型與壯大

早在昭和二十七年（一九五二年），日本欲仿美國的中央情報局建制而未成。但日本經濟與科技突飛猛進，國力日益壯大。一九七五年越南赤化對日本刺激很大，舉國上下因而達成共識：把自己的安全放在別的國家手中是不可靠，甚至很危險的。加上北韓、蘇聯與中共的安全威脅顧慮日益升高，凡此都讓日本國民感受到國家愈來愈不安全，而有關安全的情報來源大多得依賴美國，日本人愈來愈想承擔自己更多的安全工作，於是：

一九七六年頒布「防衛計畫大綱」。

一九八〇年提出「綜合國家安全報告」。

一九九二年重新解釋憲法第九條，突破自衛限制。

一九九五年重頒「新防衛計畫大綱」。

一九九六年五月國會通過「中央情報本部方案」。

一九九六年九月國會通過「防衛廳設置法修正案」。

從前述的發展過程，可以很清楚的看出日本人的企圖：經濟強國↓政治大國↓軍事強國↓情報大國，很快將可預見。待「日本中央情報本部」建立，現有這些情治機關（如調查室、公安廳及防衛廳、外務省的情治機關）即逐一改組。中央情報本部的建立是日本情報機關重要轉型，未來將可如美國CIA一樣壯大，成爲情報大國，亞洲各國應早謀對策。

肆、關於「中央情報本部」

平成八年（一九九六年）五月二十二日，國會通過「中央情報本部方案」。這是首相橋本龍太郎倡議發射間諜衛星後，再基於日美安保宣言中，要求日本擴大其軍事影響力，爲統合各情報單位的重要方案。依本案規定，中央情報本部於一九九七年元月設立並開始運作。其情報任務範疇如下：

一、各國安保及國防政策。

二、鄰近國家動態，並逐漸擴張至東亞以外的潛在危險地區。

三、蒐集、研判東亞及其他地區的軍事情報。

四、世界各國通訊電波部門運作情形。

五、透過日本境內設置的六個「監聽站」，蒐集並研判電子情報（Electronic Intelligence）（註）。

日本中央情報本部設置在東京「市之谷」，即日本皇軍總部舊址。初期編列年度預算爲六千五百萬美元，隸屬防衛廳的統合幕僚會議，成員一六五〇人，並將逐步擴充到二千人。其內部編制組織及功能是否能如預期，尚待日後詳觀其發展。也許隨著軍事強國的態勢慢慢形成，軍國主義則在世人姑息與短視下，又開始萌芽壯大了。有如戰前「梅、蘭、竹、菊、松」式的龐大特務機關，亦有可能重現「江湖」！

日本再起，軍國主義已經復活。美國前國防部長溫柏格在《下一次戰爭》一書中，預判在二〇〇七年時，日本向中國大陸、臺灣、菲律賓、汶萊等地，將發動戰略性閃電攻擊。溫柏格的預測也許太快，但我客觀的說：「二十年內中日必將爆發一場大戰。」只是到時會不會輪到咱們中國人投降，那得看咱們搞情報是否搞得過日本。

附註：電子情報，是利用各種電子偵測裝備或技術，對敵方雷達、導航、電子反制等資料，經蒐集、分析、研判、處理之程序，而產生有用之情報。

當前中共對臺「情治調統」組織工作概況

「情治調統」指的是情報、治安、調查與統計四者，或約言之，指爲維護國家安全，確保社會安定，而具有情報功能的國家安全組織（如美國CIA、FBI）。民主國家通常有法定機關，並依法有其特定職掌，使情治調統工作與政治領域有明確的界定，避免情治系統介入政爭，也避免「泛政治化」。但在共產國家則恰恰相反，它另有一套理念設計。

共產國家依其共產主義意識型態，或如中共目前所稱「中國式社會主義」，並未產生什麼重大質變。國家安全組織通常是權力鬥爭所要掌握和運用的工具，一切政治與非政治事務都有高度政治性，泛政治化成為一種必然與常態。當前中共對臺「情治調統」組織工作就很廣泛，包括中央軍委系統有總政治部聯絡部、總參謀部情報部；中央政治局系統有統戰部、宣傳部、臺辦室；國務院系統有國安部、公安部、文化部、外交部及臺辦室等，其他還有民主黨派、社團組織和政協會議系統。

惟本文再將範圍縮小，以具有情報功能的「情治調統」組織為限，這些通常也是典型的國家安全組織，有國安部、公安部、總參謀部情報部（以下簡稱情報部）、總政治部聯絡部（簡稱聯絡部）。公安部與國安部組織，在〈中共特務與香港九七〉略提，因此有關此二部組織架構，不再贅述。

壹、情報部

中共「中央軍委總參謀部」的第二部、第三部、第四部，都負有情報蒐集任務。第三部（通信部，或稱「技術偵察部」），負責無線電通訊監聽、密碼破譯、衛星偵照判讀。第四部（電子對抗雷達部）掌管電子戰研究，主要負責電子戰情報蒐集、分析，反雷達干擾、反紅外線干擾，及各式情報欺敵作戰模式的設計。

第二部即情報部，負責軍事情報工作，主要任務是透過情報活動，蒐集國外軍事情報、戰略情報，包括假想敵國和周邊國家。同時執行軍事反間諜工作，情報部下轄七個局。

第一局歷來都以蒐集臺灣方面情報爲主，惟近十年以來即逐年擴張編組。目前該局已下轄北京、瀋陽、上海、南京、廣州等五個聯絡局，其中廣州聯絡局負責臺灣方面諜報偵蒐、派遣。第一局的直屬系統包括「軍區情報局」，下至「集團軍情報處」。

第二局「戰術偵察局」，負責敵對國家部隊之偵察與邊境保安工作。

第三局「武官局」，主管駐各國使館武官的派遣。

第四局主管俄羅斯、中亞、烏克蘭、東歐的情報分析。

第五局主管美國和西歐的情報分析。

第六局主管臺灣、日本、韓國、東南亞的情報分析。

第七局「科學技術局」，主管科學技術的研究、設計和開發。當前重點工作是推動情報工作現代化，強化電腦領域的反間諜工作。

貳、聯絡部

聯絡部原名「敵工部」（對敵工作部），為中共在紅軍時期的「白軍工作部」演變而來，當時主要任務是對國軍部隊的滲透、策反工作。聯絡部下轄四個局。

第一局「聯絡局」。往昔主要負責蒐集臺灣方面政治情報、策反國軍、審問被俘者，目前利用兩岸交流，接待我方具有政經影響力人士，該局人員亦以商人身分出入臺灣、香港，以了解政經情勢及相關情報。

第二局「調查研究局」。常駐各駐外使館，蒐集所在地域政經情報。

第三局「邊防局」，曾負責對越南滲透工作。

第四局「對外宣傳局」。負責共軍對外宣傳工作，其下設有「對臺灣宣傳品編輯部」，從事對臺灣方面宣傳品的出版和輸送，對內發行《臺灣宣傳品通訊》，傳達上級對臺灣方面的工作指示及經驗交流。

叁、國安部

中共國安部目前有十七個局（如〈中共特務與香港九七〉一文所述），第四局「臺港澳局」包含臺灣地區情報蒐集。十七個局以外，另有辦公廳、政治部、組織宣傳部、教育培訓部、人事局、老幹部局、監察審計局、綜合計畫局、行政管理局。現階段國安部任務與臺灣有關者：

一、調查赴大陸訪問、講學、經商等之臺灣人士。

二、調查海外歸僑是否爲臺灣從事特務活動。

三、防範臺港澳人士進入大陸與「反革命集團」、民運組織掛鉤串連。

四、查緝地下反共組織，進行對臺灣的滲透派遣和破壞工作。

五、反制臺港澳地區特務活動。

六、按現行國安法規定，「維護國家安全，保衛人民民主專政及保障改革開放和社會主義現代化建設的順利進行」。

在這些前提下，臺商在大陸經營的事業，不論獨資或合資機構，都有國安部人員以不同職級身分滲透潛伏其中。香港「九七」之後，我國情報人員已從香港全面撤退，今後大陸的情報工作「鄉間」和「生間」的使用難度更高，效果可能不彰；惟「內間」、「反間」與「死間」則仍大有可用，故「九七」後並非無可爲，「明君賢將，能以上智爲間者，必成大功，此兵之要，三軍之所恃而動也」（引《孫子兵法》第十三篇）。

肆、公安部

國務院轄下的「公安部」，是人民警察的最高領導和指揮機構。其下所轄單位頗多，但與臺灣方面關係密切的有出入境管理局、政治保衛局、刑事偵察局、邊防管理局、治安管理局、經濟保衛局等單位。

一、出入境管理局負責臺胞進出管理

一九九一年十二月十七日，中共國務院發布「中國公民往來臺灣地區管理辦法」（簡稱臺區辦法，次年五月一日起施行），這是中共境管單位管理兩岸往來人士所依循的法律。境管局依臺區辦法執行公安工作：

㈠對常往臺灣之大陸人士及來大陸之臺灣人士，全盤掌握狀況，包含出入境人數、投資、違法與遣返等情況。

㈡經常分析臺胞出入情況，進行分析、研究，找出規律性和傾向性之問題，提供上級決策參考。

二、刑事偵察局掌管臺灣黑社會和刑事犯罪問題

㈠不允許臺灣黑社會在大陸立足發展。

㈡大陸不能成為臺灣黑社會的避風港。

㈢在大陸犯案的臺灣黑社會分子嚴懲不貸。

㈣臺灣當局通緝的犯罪分子原則上要遣返。

三、邊防管理局負責海上公安工作

㈠臺灣方面海上犯罪、漁民管理、停靠輪檢查。

㈡制止群眾性偷渡、私渡、海上搶劫等。

㈢做好雙向遣返工作。

四、治安管理局負責臺胞在大陸的治安問題

㈠臺胞戶口管理、公共場所等地治安處罰。

㈡短期暫住大陸親友家中申報暫住登記。

五、政治、經濟保衛局共管臺商公安工作

㈠臺商利用投資辦廠進行情報、策反、竊密、破壞等活動，兩局共同管理。

㈡摸清臺商投資企業的基本情況、敵情、治安情況，隨時掌握狀況，提出相應對策。

中共的情報人員一向陣容最龐大，例如駐在美、日等國的大使館人員中，諜報人員至少占四分之一強，分配情況大概如下：㈠國安部八人，二人內部安全保衛工作，二人對臺與對華社會工作，二人蒐集與分析駐在國情報，二人預備兼聯絡。㈡總參第三、四部各四人，負責專門儀器管理和使用。㈢總參情報部四人，二人內控，二人蒐集軍事與科技情報。㈣總政治部聯絡部、中央統戰部、中央對外聯絡部各二人。以上共二十六人，加上武官三至四人，可見中共大使館中情報人員是最大族群。

中共特務與香港九七

談起中共「特務」（大陸習稱「特務」或「特工」，少稱「情報」），大陸上一般人民都能懂一些。因中共以特務起家，人人在鬥爭中長大。

壹、中共特務系統概況

全世界特務最多、最複雜的地方，就是共產國家，而目前僅存的幾個共產國家中，以中共「地大物博特務多」最有規模。廣義的說，中國大陸的特務人員已經根深蒂固的生活在社會的每個階層中，所有的軍事、情治、政經及公私立機關，甚至民間的宗教、文學、藝術等單位，其成員很可能就是特務人員，或負責特務工作之任務。但現在要談「特務系統」，不得不簡單的化約成公安、國安與解放軍三個系統。

中共早在竊據大陸時，就設有「公安部」。現在的公安部亦是國務院下的中央公安組織，省市則設有「公安局」，全國公安機關人員總共約一二〇萬人。中央公安部下轄十三個局。所謂「公安」，即一般民主國家的警察，惟大陸的公安機關依據馬、列、毛思想來設計立法，性質不同。其任務不外鎮壓反革命分子、防奸、防諜、肅清反革命、保障社會主義建設等。可以看得出有很濃厚的「情報」屬性，一二〇萬的公安特務人員散布在全國，甚至世界各角落。

「國安部」是中共最晚出現的特務系統。一九八三年六月六日，中共第六屆人民代表大會中，當時國務院總理趙紫陽提議成立「國家安全部」，以「確保國家安全和加強反間諜工作」。六月二十日獲人大批准通過，七月一日正式成立，這是國家安全工作從公安系統內區隔出來，正式建立國家安全特務系統的開始。一九九三年「國安法」完成立法，目前國安部設有十七個局，職掌包含國內外一切情報及反情報任務，擇其重要數局如下：

第二局「國際情報局」：蒐集國際戰略情報。

第三局「政經情報局」：蒐集各國政經科技情報。

第四局「臺港澳局」：對臺港澳地區情報工作。

第五局「情報分析通報局」：負責情報分析、通報。

第七局「反間諜情報局」：反間諜情報蒐集。

第八局「反間諜偵查局」：負責跟監、偵查、逮捕。

第十六局「影像情報局」：負責影像、衛星情報判讀。

至於解放軍的特務系統，表現在政工組織制度，它的最高負責部門是中央軍委會直接領導的總政治部，從大軍區到班、排基層都設有黨組織。這套政工制度又包含六個「子制度」。

一、黨委領導制度：軍事指揮員和政委都必須服從黨委的領導，執行黨的決議。

二、政治委員制度：政委保證黨對軍隊的絕對領導，亦是黨委員會的主持者，權力高於同級的軍事指揮官。

三、政治機關制度：部隊中管理黨務和政治的機關，如中央設總政治部，團設政治處，連設政治指導員。

四、紀律檢查制度：各級部隊設有紀律檢查委員會，用以督查違法犯紀事件，檢查黨的路線、方針等。

中共的保衛體系

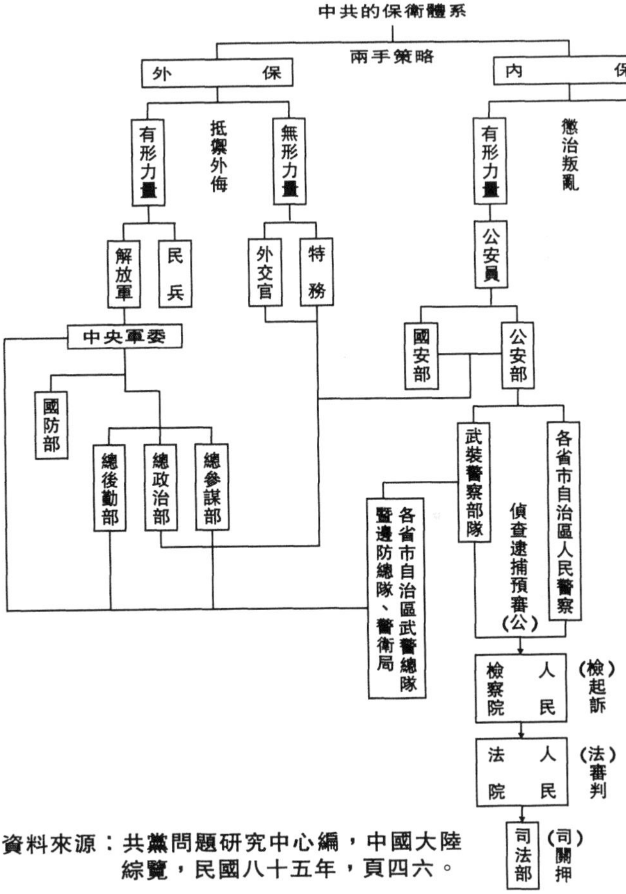

資料來源：共黨問題研究中心編，中國大陸綜覽，民國八十五年，頁四六。

五、軍內民主制度：各級部隊設「軍人委員會」，類似國軍的「榮團會」，但功能較強。

六、共青團組織：這是黨和軍隊的外圍組織，但各級部隊也設「共青團」組織，任務是用政治思想武裝青年。

除了前述三大特務系統外，其他如民兵、武警、統戰部、國家保密局等單位都負有重大的情報工作。而所有這些機關和「中國共產黨」是完全重疊的，所以可以說中國共產黨是大陸最大的特務組織。前表顯示：不論內部保衛或外部保衛，都由黨的組織連結成一個完整的特務情報網。目前中共已在全世界大約五十個國家、一百七十多個城市建立情報網，擁有高科技電子偵察設備。中共的情報系統已是世界級的水準。

貳、特務系統進駐香港現況

中共的特務機關爲了香港「九七」的準備工作，早在一九八四年中英就香港問題簽署聯合公報後，中共的情治單位開始以深圳爲基地，部署九七回歸前後的安全工作。一九九七年初，北京公安部、國安部、武警總部、中央警衛局、國家保密局、解放軍總參情報部及總政治部，均各派出一位得力副職領導人坐鎭深圳，組織聯合指揮中心，直接對江澤民負責。

距九七交接日約一個月前，北京的特務部門就做出判斷，認爲臺灣的情報人員、香港黑道、激進分子、分離主義者、民運人士及國際恐怖主義者等，都可能對香港九七的主權回歸進行破壞。針對各種勢力的不同處理方式，中共的特務系統採取不同對策，北京在香港已布下公安、國安和解放軍等三大特務系統。

「公安系統」的任務是保安和打擊刑事犯罪。目前在深圳的公安人員有八千多名，加上民兵與武警共有四萬多人。從交接日前一個月（六月一日）開始全面巡邏，將南澳到沙頭角、羅湖、皇崗、福田、蛇口一帶，及廣東東江水廠（香港水源、電源）、大亞灣核電站、出席儀式的代表團賓館等地列爲保安重點。公安部副部長田期玉在六月間，多次到各保安重點區域督察，都爲確保移交能萬無一失。

「國安系統」的任務是對付西方間諜，及香港支聯會、民主黨、流亡民運人士、臺灣情報人員等。按中共國安部的編制，香港的情報工作是由第四局「臺港澳局」負責。但「九七」是歷史上的大事，國安部早已採行另一種任務編組，並快速協助特區政府成立全新的反間諜組織。國安部副部長亦於六月間，在深圳公安局局長何景煥、駐港部隊副司令員周伯榮陪同下，多次視察各安全保障要點，這是亞洲有史以來最大的「天羅地網」。

解放軍的情報自成一個體系，特別是近十年來的電子戰部隊聞名於世。在波斯灣戰爭期間，解放軍的情報部門進行大規模電子監聽，攔截了大量美國和聯軍的軍事通訊情報。解放軍的特務人員應該是早已進駐了香港，因爲兩年前英國派駐香港的情報人員，就開始「悄然解散」了。但是解放軍大多數有特務功能的政工、黨務、軍事情報及電子部隊成員，則隨解放軍在七月一日才開始進駐香港。總兵力爲八千人，配備最先進的武器裝備。駐港部隊情報系統就內部結構分三個部門，司令部的二處、三處和政治部的聯絡處。主要從事敵情蒐集研究、反間諜、通訊監聽、外事、內部保密等工作。

叁、中共特務系統進駐香港後的影響

中共的特務系統進駐香港是「九七」的必然趨勢，但因香港一百多年來的特殊地位，使這個彈丸之地成爲「東西方及兩岸的情報交匯點」。不論熱戰、冷戰或後冷戰時代，各路情報人馬都在此地較量高下，或尋求買賣商機，故也成爲全球有名的「情報市場」。但九七後又如何呢？初步觀其日後可能的改變或影響如下：

一、以前是英國本土派來的情報人員，及英港政府政治部的隱形情報員爲主流，但七月一日後則以中共的情報系統最威風。因其占有合法、地利之便，也爲政治控制和維護統治權所必須。

二、情報機能逐漸萎縮恐爲必然。香港在一套自由民主制度規範下，配合特殊地理位置，情報已同商品可以自由交易。情報對香港而言，也帶動經濟、社會、金融的繁榮，使香港成爲「高度情報機能城市」。但香港目前正在「中共化」，情報機能萎縮已可預知。

三、對西方國家，特別是英美的影響很大。因爲外國政府在香港的領事館到九七移交後，將完全在中共外交部的監視下，情報蒐集活動更是監視重點。爲此，美國已將老練的軍職情報員改以民間公司顧問身分作掩飾。而英國則將官方的通信社總部移到新加坡，這方面對其他國家而言都是要面臨的問題。

四、對一般香港居民也有重大影響。香港「中共化」後，其公安、社團條例已加入「國家安全概念」，任何人爲外國蒐集情報，不只安全性情報，就是經濟性情報也是顧慮很大。任何人都可能因「危害國家安全」入罪，大陸司法部常務副部長張秀夫於一九九七年三月三十一日，公布大陸目前危害國家安全的罪犯有兩千零二十六人，現在的「危害國家安全罪」，便是「反革命罪」，不同的名詞，罪刑定義其實相同。

五、對我國情報工作不利。以往香港是兩岸諜報戰的主戰場，但在回歸日的前三個月，我國已陸續撤離香港的情報機構。包括國家安全局、國防部軍情局及法務部調查局的情報人員，均在香港主權交接日之前，全數撤離香港。然而情報工作特質總是虛虛實實、忽明忽暗，未來大陸情報工作將更「地下化」。而失去港英政府的模糊空間後，兩岸的情報戰也可能呈現面對面、更尖銳緊繃的對峙狀態。

共產黨以特務起家，特務是他們的專業，也是他們賴以維生的

「飯碗」，是他們的看家本領。數十年來「匪諜」二字似乎使我們聞風喪膽，舉國上下都得了「恐懼匪諜症候群」。因而我們喪失理性，使出「寧可錯殺一百，不放走一個」的法寶，表示我們情報工作也很有成效。「二二八」、「四六事件」……層出不窮，不足為怪了。上一代種的「惡因」，我們這一代正在收割「惡果」。

香港「九七」大限以後，中共自然在情報工作上取得優勢，這當然對臺灣不利。但中共也不完全占「絕對優勢」，就「情報戰術」上也許對我不利，就宏觀長遠來看，中共還是有顧慮的。香港「中共化」，必然導致情報機能萎縮，正好在全世界面前證明香港五十年不變，只不過是神話。所謂「一國兩制」論調，也就不攻自破了！

第三篇

威脅國家安全的各項因素

威脅國家安全因素——當前各國統獨問題現況觀察

壹、前言

在拙著《國家安全概論》（民國八十六年臺灣大學版）一書的第一章第一節，論述威脅國家安全因素，大體為傳統的敵對者、侵略性的意識型態、領土擴張政策、鄰國之間的強弱相差懸殊、社會變遷或種族問題引起的國家解體、國家建立過程中所產生的整合或認同問題。以上這些因素很難區分何者爲「軍事因素」，何者爲「非軍事因素」。但是對國家安全最具直接殺傷力者，莫過血淋淋的兵戎相見，不論內戰、內亂、外敵入侵、被併吞或瓜分等。軍事威脅的背後，總是有很多非軍事因素促成。所以我們很難用二分法來區分，認爲威脅國家安全的因素可以分成「軍事」與「非軍事」，因爲非軍事威脅常是「因」，最後的軍事威脅才是「果」。這個事實還可以從目前世界各國的統獨問題，做一簡單的現況觀察，獲得一個實證經驗。

貳、當前各國威脅國家安全主要因素現況觀察之例舉

不論國家之內部或區域緊張，都有可能浮現威脅國家安全因素，很少國家是「完全安全」的。例如南北韓之間、俄羅斯的車臣、伊拉克的庫德族、加拿大之魁北克、英國、中東、南亞的印巴問題等。概

觀如下：

俄羅斯在一八五九年以武力併呑車臣，史大林放逐車臣人，有百分之六十的車臣人被殺，逐漸滋生「車臣民族主義」。宗教上車臣人信回教，俄羅斯人信基督教。此外，車臣產石油亦爲重大利益之爭。

英國的國家認同問題來自三百年前（一七〇七年）三島的勉強合併。數百年來因認同問題產生的武力衝突，犧牲的生命，不計其數。我國歷代都有種族之間的武力兼併，如滿清入關的大屠殺，但三百年後早忘光了，也許西方人對「國仇」特別難忘。英國到二次大戰前，國力強大尚能勉強統合，戰後種族主義興起，再度帶來統獨危機。目前北愛爾蘭天主教共和運動早已成立「愛爾蘭共和軍」，企圖以武力脫離英國，回歸愛爾蘭共和國版圖。蘇格蘭於一九九七年九月十一日進行公投，恢復一七〇七年的議會；最後的殖民地直布羅陀正準備脫離英國，獨立建國。

印度、巴基斯坦原是英國殖民地，自一九四七年獨立以來，印巴有三次戰爭，一九六二年中共和印度亦爆發戰爭，近年中共為制衡印度，把M族（M11）飛彈賣給巴基斯坦，印度為確保安全乃全力發展核武。南亞的印巴已成全球最有可能爆發核戰之地區。在宗教信仰上，巴基斯坦有百分之七十二是回教徒，印度有百分之八十五為印度教徒。

伊拉克庫德族就像近代的中國一樣，是個任人擺布的棋子。「我們的命運就是被出賣」（庫德人民英雄老巴札尼之語），其原因來自內部不團結，猶如一盤散沙。第一次世界大戰後，鄂圖曼土耳其帝國崩潰，戰勝國曾給庫德族建國機會，惟沒有領導中心能夠統合各派系，庫德人只好依附鄰近各國。二次大戰後，一九四六年八月老巴札尼有機會得到蘇聯的支持，建立「庫德共和國」，但只維持十一個月就被伊拉克敉平而亡國至今。

加拿大魁北克省是唯一的法語文化區，醞釀獨立已久。一九九五年十月三十日公投結果，贊成獨立者是百分之四九·四四，反對獨立者是百分之五〇·五六，投票率爲百分之九十三。加拿大算是暫時免於分裂，但問題顯然沒有結束。

印尼東帝汶的獨立運動也有一段血淚史，帝汶島在十六世紀初已是葡萄牙殖民區，十九世紀初再與荷蘭達成瓜分帝汶的協議，東帝汶由葡萄牙殖民，餘由荷蘭治理。一九七四年葡萄牙宣布放棄東帝汶，同年八月東帝汶發表獨立宣言，十二月七日前印尼總統蘇哈托派兵占領東帝汶，納入印尼第二十七省。東帝汶獨立時人口八十萬，目前約有三分之一死於戰爭、饑荒和屠殺。獨立是否眞需要，永遠是個「迷思」（Myth）。

義大利北部已成立「帕丹尼亞共和國」，法國科西嘉獨立運動具有廣大規模，西班牙巴斯克分裂主義採恐怖手段。甚至美國也出現「德克薩斯共和國」，而夏威夷主權選舉委員會於一九九六年九月完成公投，百分之七十三同意獨立在美國之外。

在美國開發史上，德州曾五度易幟，它懸掛過西班牙、法國、墨西哥、德克薩斯共和國、美利堅邦聯（Confederate States of America，南北戰爭時的南方聯盟），加上現在的美國，共六面國旗。在阿拉斯加尚未加入美國前，德州是美國最大的州，面積近七十萬平方公里，約十九個臺灣。

德州有一群人認爲，一八三六年德州脫離墨西哥獨立，成立「德克薩斯共和國」之後就一直是獨立國家。南北戰爭期間，德州與南方各州結盟，後來北方聯邦打敗南方邦聯，乃順勢被併吞。德州分離主義者認爲此項併吞是非法，即使後來美墨戰爭，墨西哥戰敗，兩國畫定格蘭特河爲界（與現在不同，現在的美墨疆界是：西起墨西卡利Mexicali——華拉斯城Ciudad Juares——格蘭特河）。但這只是美墨之間的條約，干德克薩斯共和國何事？因此，法律上德克薩斯仍是主權獨立的國家。

兩名「德克薩斯共和國」分離分子，在去年（一九九七年）四月因綁架兩名人質與警方對峙，被德州法院判處九十九年和五十年徒刑。本文無意研究此是否與叛國罪有關，但美國憲法第三條第三項就是規定叛國罪。凡與美國作戰、依附、幫助或安慰美國的敵人者，都叫「背判美國罪」，並明訂於憲法，可見美國重視叛國罪而外人卻很少知道。

前述國家的統獨問題，大多有複雜因素，並非單一原因。縱觀這些容易發生動亂的國家或地區，威脅國家安全因素，除了軍事武力是直接威脅因素，但背後則是種族、宗教、政治利益、領土爭執、各種複雜的恩怨情仇等。接著，再來觀察威脅我國國家安全的因素。

叁、威脅我國國家安全因素分析

在《國家安全概論》一書第二章第二節，論述我國目前國家安全威脅有三：中共武力侵犯、國土分裂與區域衝突三項。仔細分析這三項背後都有許多非軍事原因。

第一項「中共武力犯臺」：可能形成中共對臺灣用武的時機，如臺灣獨立、務實外交、發展核武、兩岸談判無結果、內部動亂等，所涉及者大多非軍事因素。

第二項「國土分裂」：這可說是第一項的一部分，不論是民進黨的「漸進質變臺獨論」、建國黨的「激進主義臺獨論」或國民黨現在的「忽統忽獨論」，只要未來發展傾向獨立，分裂國土正式成爲事實，臺灣與大陸就會陷入數百年「戰爭與和平」的惡性循環中。

第三項「區域衝突」：亞太地區複雜、敏感地帶如：釣魚臺、南海、臺灣海峽、南北韓，這些地方一旦有事，總是成爲強權作秀、論戰的舞臺，一旦表演失控就可能帶來戰火，臺灣也難置身事外。例如日本竊占我國釣魚臺之事，中共爲了得到日本貸款而不惜在領土方面讓步，壓制保釣活動，臺灣的官方保釣也是不力。但在近兩次保釣運動中，日本、中共和我國都動用了三軍武力，在釣魚臺現場或其周邊地區進行「武力展示」。

歸納前三項威脅國家安全因素，追究其更深遠的根本原因，難道不是近二百年來帝國主義對中國的侵略、國際共產主義對中國的赤化、中國本身的貧弱、愚昧所造成，才會使中國至今仍處分裂狀態。但是帝國主義、共產主義為何找上中國並能得其所願呢？還是得怪中國人自己不行。國父認為根本原因是民族主義丟掉了，早在民國十八年胡適就說過，中國問題不在地主、不在資產階級或帝國主義，而是自己的貧窮、疾病、愚昧、貪汙、紛亂。此「五鬼鬧中華」，是自己把自己整垮了。國父與胡適之見真是異曲同工，神妙之極。「肉腐蟲生，魚枯生蠹」，誠然有理。

中國的大一統思想在周朝已經形成，孟子建立大一統理論基礎，秦漢實踐完成之。所以 國父說：「中國在秦漢時便已是統一的國家。」歷代雖有分裂，但仍在一個中國思想架構中。因近代中國之貧弱，加以帝國主義和共產主義入侵，形成嚴重的國家分裂，乃有國家認同危機，滿洲國、臺灣民主國、蒙古共和國、東土耳其斯坦共和國等，一一走上歷史舞臺。如今臺面上還有中華民國與中華人民共和國，藏獨、臺獨、疆獨的解決，都成爲中國人的大難題。

在威脅國家安全因素中，軍事方面是顯而易見的，有何種敵人要入侵、可能有多大規模之武力，或以何種方式入侵，是可以事先判斷的，從而建立所需軍備，以阻止敵人入侵或消弭戰爭於開戰之前。但非軍事因素則是隱而難見的，甚至可見也是不易解決的，例如國家整合與認同、政治發展、經濟發展與社會變遷，從這些方面來消除國家安全因素才是根本之道。前述例舉的英國與加拿大的分離主義，伊拉克、中東、南亞之動亂，當代蘇聯帝國之淪亡，本質上並不是有什麼外敵要入侵，或本身的三軍武力不夠強大，而是那些非軍事因素使國家處於不安全狀態，甚至導致亡國。

肆、經驗觀察後的啓示

威脅國家安全因素原是無所不在，無奇不有的。《左傳》記載一則「好鶴亡國」的故事。周惠王十七年（西元前六六〇年）冬十二月，狄人攻打衛國，衛懿公喜歡養鶴，讓他的鶴乘坐在大夫才夠資格坐的軒車。狄人入侵，衛懿公召集軍隊作戰，不料兵士都說：「教你養的鶴去作戰吧！鶴都有爵位，我們還沒有資格乘你的軒車呢！」結果衛軍大敗，狄人滅了衛國。國家經過數千年發展，現代因素更複雜，當然不可能再有某國大總統「好鶴亡國」，但所代表的意義還是相通的，所謂鑑古知今，以古爲殷鑑，便能夠消除許多威脅國家安全因素。

深入檢討本文所述各國統獨現況，發現絕大多數國家內部爭戰之起，威脅安全因素之滋生，大體來自內部。只要多數國民對國家認同有共識，團結一致，國家是有希望的。特別是由近代殖民地獨立而成，或數度易手統治地區（如美國德州、我國與臺灣等），應走出悲情，檢討過去，前瞻未來，必能走出統獨陰霾。

人的因素是國家安全的重要根本原因，例如「亡國之君」、「亡國之臣」、「亡國之民」三者只要出現其一，國家便岌岌可危。明朝在亡國之際，李自成攻入北景，崇禎皇帝朱由檢吊死在煤山（今紫禁城後的景山），臨死時說：「君非亡國之君，而臣盡誤國之臣！」可見他並不承認自己是亡國之君，但他怎不想想那些誤國之臣，也都是他自己任命的。故用人不當，事關重大，古人曰「中興以人才爲本」就是這個道理。但人才很多，惟欠缺共同建國、治國理念，國家之分裂、戰爭或亡國，可能也是難以避免的歷史惡運。如本文所述義大利之分裂、英國統獨、庫德族建國歷程，乃至中國近代內戰分裂，「中華民國在大陸之亡」，都是「人才」搞出來的，因此，惟有共同的政治理念才能建立國家長遠發展的基礎。

伍、結語

我國在戒嚴時期，「國家安全」的研究範疇是一個禁區，官方都盡可能封在黑盒子裡，人民知道的愈少愈好，這對國家的發展、整合與安全是不利的。解嚴後，官方、軍方及民間學術界，開始針對國家安全相關領域盡情開發，例如我們把統獨問題開放給人民自由討論，對國家長遠發展是有利的。

統獨問題又和國家認同糾纏不清，國家乃處於不安全狀態，故須針對造成統獨之原因（種族、文化、利益分配、語言、政治），逐一消除不利因素，改良制度，使國家趨向正常發展，不安全因素才能愈來愈少。

有所謂「亡國之音」嗎？

臺北市政府廢止娼妓管理辦法後，市府社會局已完成調查訪問報告，有百分之九十三的公娼拒絕接受轉業輔導，且有六成寧可繼續幹私娼（《聯合報》民國八十六年五月二十日，十四版）。這似乎正好印證目前「笑貧不笑娼」的社會風氣。但我認爲這不僅是社會問題，更已在腐蝕國家的根本，此即所謂「亡國之音」或「靡靡之音」。同質性問題尚有如雛妓、人口販賣、牛郎及整個社會到處都有的色情行業。

「靡靡之音」來自《史記》：「紂使師涓作新淫聲，北里之舞，靡靡之樂。」而「亡國之音」來自《詩・大序》曰：「治世之音安以樂，其政和；亂世之音怨以怒，其政乖；亡國之音哀以思，其民困。」今天，臺灣社會色情問題之嚴重吾人以爲到了「亡國之音」或「靡靡之音」的程度，目前社會普遍性的「黃化、黑化、腐化、惡化」，就是社會風氣導致的結果。爲了避免社會「黃化」，當局也立了一些法令規章，大法官會議（釋字四〇七號）爲了對色情風化訂出標準，曾解釋「猥褻」二字的定義是：「一切在客觀上足以刺激或滿足性欲，並引起普通一般人羞恥或厭惡感而侵害性的道德情感，有礙於社會風化之出版品，均屬之。」「兒童及少年性交易防制條例」也已通過，現代民主社會有法可治，當然合乎所謂「法治政治」原則。

但我依然不樂觀，因爲徒法不足以自行，再者目前這種「亡國之音」的社會風氣，不僅法不能自行，亦不能治，從教育、文化上著手才是根本之道。亡國之音或靡靡之音，古已有之，絕非唬人的。社會之解體，國家之衰亡，都是由內部的腐化、惡化開始的，外部的敵人只不過來個最後一擊，國人實應深思之。歷史上眞有「亡國之音」的實例嗎？肯定是有的。魏晉南北朝時代的「宮體詩」，特別是南朝最流行；所謂「宮體詩」，正是標準的「亡國之音」。南朝帝王宮廷及其領導階層，生活充滿一片佚蕩與縱欲，整個社會則流行著淫逸與享樂之風。用現代名詞就是色情氾濫，全面性的「黃化」。爲什麼這些原本不入流的東西，會提升層次而成爲所謂「宮體詩」呢？再用現代名詞詮釋之，把色情加入一些文學藝術作料，美其名曰「情色文學」，其實正是古代宮體詩的再版。

爲什麼說宮體詩是標準的「亡國之音」？唐代杜確的「岑嘉州集序」：「梁簡文帝及庾肩吾輩之屬，始爲輕浮綺靡之辭，名曰宮體。自後沿襲，務爲妖豔。」宮體詩之作俑正名都從簡文帝開始，約流行了一百年。那些宮體詩盛行的政權，其帝王將相、朝野臣民，他們所關心的不是國家安全與存亡，而是成天醉在女人堆中塡詞作詩，歌頌性愛、做愛與愛情的快樂。舉其代表作：

恃愛如欲進，含羞未肯前。
朱口發豔歌，玉指弄嬌絃。
階上香入懷，庭中草照眼。
春心一如此，情來不可限。
（梁武帝蕭衍〈子夜歌〉）

青牛丹轂七香車，可憐今夜宿倡家。
倡家高樹烏欲棲，羅幃翠帳任君低。
（梁文帝蕭綱〈烏棲曲〉）

南朝陳後主也是「亡國之音」名家，如他的〈玉樹後庭花〉、

〈臨春樂〉，民間更是風靡。陳後主享國最短，只有三十一年（西元五五七─五八八年），誠然是有道理的。但這些時代爲何流行「亡國之音」呢？政治上的影響是難以避免的。魏晉南北朝與五代都是中國歷史上有名的政治黑暗時代，也是一個大動亂、大分裂的戰爭時代，老莊思想就是在這種時代受到獨尊。如何晏、王弼等人的無爲，阮籍、陶淵明等人的無君，列子的頹廢思想等，這些才是時代的主流代表，至於國家安全與否、社會安康與否，都是無意義的話題。

魏晉南北朝的亡國之音，似乎把所有社會規範都解放、顛覆了。據史書所載，當時也是一個「斷袖」流行的時代，即現在所稱的「同性戀」（Homosexuality），梁簡文帝亦詠「孌童詩」，阮籍作詩詠懷同性戀。在其他時代同性戀當然也是存在的，例如司馬遷作《史記》，在列傳中特立「佞幸」一門（見《史記・列傳》第六十五），就是爲歷史留下同性戀的見證。

爲什麼要把這些古老歷史中的陳案再挖出來呢？我要證明一件

事：眞的有「亡國之音」這種事實存在，絕非唬人的。再者也要把我們現在社會的色情問題，做個古今相互比對，也好讓大家了解問題的嚴重性。拿著性解放的口號，「造反」有理，衍生出更多販賣少女、娼妓與婦女受到傷害的問題。最直接的犧牲者都是女人，當多數女人犧牲時，其實男人的犧牲更大，損失更大；因爲所有的男人都出自女人。「黃」與「黑」都是相互掛鉤的，當整個社會被黃與黑腐化了、惡化了，人的道德規範也全面顚覆。最後的犧牲者是國家，這就是「亡國之音」的厲害，不用兵卒，不用武器大砲就可以瓦解一個國家。

「貪汙亡國論」——
貪汙腐化對國家安全的威脅

貪汙對國家存亡、國家安全有威脅嗎？舉兩個實例馬上就很清楚。其一，我們自小時候讀書以來，在課本中提到 國父推翻滿清之動機時，都說是滿清政府多麼腐敗，若不推翻重建現代化國家，中國必將亡國。其二，早期的民進黨（建黨初期及黨外時期）對國民黨展開激烈的抗爭時，都把國民黨政權貼上「貪汙腐敗」的標籤，目的在否定國民黨統治的合法性（Legitimacy）。貪汙腐化會動搖執政階層

（執政黨）統治的合法性，嚴重時則危及國家安全或存亡，立論甚爲明確。

壹、關於合法性與貪汙腐化

談到「合法性」是指政治上有效統治的必要基礎，統治者的合法性來自內部被治者的同意。這是治者與被治者間一種共認的信念，共同默認信守之「天經地義」。統治難免涉及權力，但統治不能靠單純的權力，否則少功且不得民心；權力若經由合法性過程，轉變成權威（Authority），則力少功大，且深得民心，這才是治國之正途。

貪汙腐化之所以對合法性統治構成嚴重的傷害力，是它（貪汙腐化）違反了統治者和被治者間的共同信念，更悖離了原本要共同信守的「天經地義」。貪汙腐化雖古已有之，但它輕則危及政府執政，重則危及國家存亡。

貳、近年臺灣社會貪汙腐化之現況

臺灣社會近年除了治安惡化外，貪汙腐化程度也愈來愈嚴重，這是一種政經結構與文化陋習之互動所造成，單從法律層面似無太多能力可以解決。不久前，德國高廷根大學和「國際透明組織」根據對企業主管的意見調查，列出各國貪汙程度排行榜。貪汙程度由零（完全腐化）至十（絕對清廉）作爲評估數據，這項排行榜顯示「國家愈窮，貪汙愈盛行」。臺灣的貪汙腐化度是四·九八，排在馬來西亞、南韓等國之後，而與約旦、匈牙利等國同等級（《中國時報》民國八十五年十月二十八日）。從近年爆發的許多大型貪汙案，如「周人蔘」、「四汴頭案」及近年的軍購弊案，都看得出貪汙腐化程度已在動搖國本，情況嚴重，國人須深思對策。

叁、關於貪汙腐化與現代化

有些研究政治發展（Political Development）的學者認為，貪汙腐化是由現代化（Modernization）衍生而來，但也隨著政治制度化的提高及社會發展程度升高，而逐漸減少貪汙腐化的程度，但臺灣似乎又是個「例外」。全世界最清廉的國家紐西蘭的貪汙度是九·四三，國民生產毛額是一三一九〇美元（臺灣是一一四二八美元），貪汙度與臺灣概同的約旦，國民生產毛額是一三九〇美元。可見臺灣社會的貪汙腐化已非現代化層面上的問題，需要從文化、社會、人心的反省與改革做起。

一個腐化氾濫的社會，也會是暴力橫行的社會，柏拉圖稱之為「墮落的政體」，馬基維利（Machiavelli）稱之「腐化的政體」。古今中外許多國家的淪亡，是由內部的貪汙腐化開始的，此即「貪汙亡國論」。

肆、貪汙、腐化和犯罪的國際化

貪汙、腐化和犯罪在某方面其實是一體的，甚至是「一貫作業」的，都有日漸國際化的趨勢。美國國家安全顧問柏格在揭櫫美國外交政策的五大優先目標時，將「打擊國際犯罪」列爲第三。美國一向對貪汙罪行深惡痛絕，憲法上所提到的罪名，除了「叛國」，就只有「貪汙」而已。

一九七七年美國國會通過「美外不道德行爲法案」（FCPA），將美國企業賄賂外國官員視同與賄賂本國官員同罪。一九九七年五月先進工業國家部長會議在巴黎舉行，美國要求與會各國承諾立法，同美國一樣將「境外商業行賄」（Foreign Commercial Bribery）視爲犯罪行爲。這個發展給我們兩個啟示，第一是貪汙行爲已非憑一國之力，或簡單的道德約束可以消除；第二必須建立國際共同規範，才能有效打擊貪汙。

貪汙也會亡國或丟掉政權，菲律賓前總統馬可仕就是個例子。南韓兩位前總統全斗煥和盧泰愚，都因貪汙罪，目前仍在服刑中。薩伊民不聊生，總統莫布杜是個大財主，導致三十二年政權的結束，「薩伊國」乃從地圖上消失。臺灣社會貪汙情況之嚴重，據法務部調查，內政部公務員每十人就有一人涉案被起訴（民國八十六年元月二十日《自立早報》）。似乎只要有一點權力在手就有貪汙機會，這不僅是「結構性」問題，更是文化問題。是否中華文化本身就有「貪汙因子」存在？值得我們深入檢討。

司法正義與國家安全

白曉燕被綁架撕票後，白冰冰及其友人陳維祥對外發表宣言，表示是「法律殺死了白曉燕」。因爲司法正義之不彰，讓人心存僥倖，認爲謀取不義之財的「勝算」極大，甚至坐幾年牢換得一筆鉅款，也是一本萬利的「生意」。人在牢中坐，只要肯花錢，日子一樣過得「好得不得了」！司法防線到此可謂「崩潰」，此時便與國家安全有了直接、立即而明顯的關係，茲陳述如下。

壹、司法正義與國家安全的關係

「治亂世用重典」是歷史發展或變遷的常規，這表示不用重典不能恢復治世，且亂世必將持續下去以至於亡國。那麼何時才會是亂世呢？觀察歷史上的國家興亡，大凡國之將亡或政權更替，或社會處於重大轉型期，都會呈現亂世景象。此時要用重典保住社會正義的最後一道防線，才能確保國家安全。不過很詭譎的，當國家安全受到嚴重威脅時（不論來自內部或外在因素），到了存亡之關頭，通常法律體系崩解，「法」雖存在，但不能運作，也只好眼見社會或國家一步步邁向解體。所以法律體系崩潰，通常可以和國家崩潰解體畫上等號。

民主政治也是一種法治政治，這亦表示國家安全之確保，亦有賴立法實行之，例如國家安全會議組織法、國家安全法、國家安全局組織法等，以法治國，以法保國。但人之願意遵守「法」的規範，受

「法」之約束，甚至視法為「經」，當成一種對經典的尊重與信仰，還是來自法律的正義、公平。所以用法應區分平時或戰時、亂世或治世；亂世殺人罪重，而治世殺人罪輕嗎？這不僅說不通，也不是司法正義。

貳、我國司法現況：違反正義原則

許多刑案常是延宕數年，甚至更久，「遲來的正義已非正義」。有的重刑案（如陸正綁票案）更是在長期延誤耽擱後，「大事化小，小事化無」地讓罪人逍遙法外。而最違反正義原則的莫過於那些自命人道主義者，只見犯罪者之人權，無視苦難的受害者更需要人權關懷。以蘇建和等三死囚案，於民國八十四年二月九日經三審判決死刑定讞，但被人道團體炒成政治案件，並要求李總統特赦。人本教育基金會則舉辦「蘇建和專案新書發表會」（《自立晚報》三版，八十六年一月十一日），另一方面受害者卻沒有人權團體去關心。據報導被害人幼子吳東諺因受驚過度，肌肉萎縮不能行動，長女吳俞璇失去生活依靠，寄人籬下（《中國時報》六版，八十五年六月十八日）。

我要請問人道主義者，人間可還有公理正義？因此我非常認同「讓犯罪者付出代價才是正義」（蔡仲誦律師，《中央日報》七版，八十六年五月三日），畢竟「等號的左邊和右邊是相等的」，天下沒有白吃的午餐。

叁、死刑不能廢，保釋制度不可放寬

各國對死刑雖有爭論，但並未形成主流之主張，目前全世界有三十五個國家立法廢除死刑；保留死刑的則有一一七個國家（李雲龍、沈德咏著，《死刑論》，亞太圖書，八十四年版）。死刑不能廢，這是人世間必要之惡。關於保釋的問題，我贊同立法院國民黨團書記長洪性榮的看法，保釋放寬只是保障了壞人人權，而傷害了絕大多數好人的人權。

期待劉邦友、彭婉如等案快破，並藉此檢討、修訂我國司法制度，維護社會正義、社會安全及國家安全。

「法」字從水，意謂用法執法應如水之平，保持法律的公正、公平性質，才能維持政治社會的生活規範、大眾行爲的準繩。盧梭（Jean Jacques Rousseau, 1712－1778）在他的經典名著《民約論》（The Social Contract）就認爲，國家是全體人民透過法律關係所建立的一種政治社會，當然也因用法不當導致政權解體或政治社會之滅亡。第一種，政府首長不能依法治國，公權力被少數人篡奪，統治者自認地位高於法律，此時國家趨向解體。第二種，立法權是國家的心臟，是故國家的生存靠立法權，當立法權不復存在，國家亦已死亡。因爲法律與政治社會存在此種關係，故法律之目的永遠是公共的，不考慮個別的人民或行爲，使法律有普遍性的公正公平，這才叫正義。

「神話KTV案」縱火奪走十六條人命的湯銘雄，在執行死刑前得到受害家屬杜家的慈悲寬恕，引起各界「赦免」或「用重典」的輿論。就法論法，法律貴在平等，這樣才能經由司法正義之實踐運作，達到社會安定和國家安全的目標。至於所謂「死前悔改可上天堂」，或「死前念佛可達極樂世界」，進而要求赦免死刑執行，甚至要被害人寬恕，這是不合理的，對社會安全與司法正義並沒有正面價值。「該死應死」，至於死前的悔悟，則純屬宗教領域問題，只和死者自身的「生生世世」與萬能的神（佛或菩薩）有關。若宗教與法律沒有明顯分界線，則亦難見司法正義，社會安全和國家安全便會受到不利因素的影響。

社會安全與國家安全

國內近年爆發許多震驚整個社會人心的重大刑案，特別是從民國八十五年底以來的劉邦友案、彭婉如案與八十六年的白冰冰之女白曉燕慘遭撕票案後，民眾對社會的不安與恐懼感，以及對政府危機處理能力的低落，已達到一個難以容忍的上限。朝野各界有認爲僅只於社會安全或社會治安者，有認爲已達國家安全層次者，並爲負責任的層級爭論不休。本文試圖做一比較明確的界定，供朝野各界檢討改進的參考。

壹、社會安全與國家安全的涵義

社會安全（Social Security）在我國是指《憲法》第十三章第四節的「社會安全」，從第一五二到一五七條所規定的勞工、農民、婦女及兒童保護、勞資關係、社會保險與救助之實施、婦幼福利政策的推行及衛生保健事業等事項。凡故意殺人、強盜、搶奪、擄人勒贖或強姦等重大暴力犯罪，都足以瓦解社會安全制度之推行，故重刑須用「重典」以維護社會治安，使社會安全得到保障。

國家安全（National Security）包含三個層次：國際安全（區域安全、集體安全）、軍事安全（建軍、備戰、用兵）與內部安全（政治、社會、經濟或其他）。可見社會安全是國家安全的「底層結構」，國家安全則是社會安全的「上層結構」。兩者雖有不同層次與涵義，惟「安全」是共同交集。

貳、當前的社會安全危機是否已威脅到國家安全？

觀察目前的社會現況，民眾的不安全感及對政府的信心危機，正處於所謂的「臨界點指標」。綜合國內外各家之說，依作者之見，當前的社會安全危機實已達到威脅國家安全之程度，這不僅是一個政府（或執政黨）的危機，也很有可能爲國家與人民帶來更大災難。我的理由（觀察指標）如下：

一、國民黨對逐漸失去的民心似無力挽回，這是一種「亡而不自知」的狀態。若短期間內不能力挽公信力危機，國民黨將從目前「統治危機」轉變成「合法性危機」。這是國內學者的一般看法，若再惡化下去，國民黨政權就會成爲「非法政權」。

二、西方國家（主要是英、美、日）媒體的評估，劉邦友案等重大刑案之未破，顯示政府危機處理能力的遲鈍，已產生「政權危機」效應。

三、中共針對我們幾個重大刑案，由情報單位成立「一〇六辦公室」，展開代號「一〇六調查計畫」，其「任務」人員並到了臺灣。而我情治機構（國安局、情報局、調查局、警政署），尚未能掌握對方執行者名單與動向。

部分立法委員可能已經清楚地看見這些威脅國家安全的因素，才要求總統以國家安全會議主席身分，到立法院報告。惟這個認知並未被多數領導階層接受，故威脅國家安全因素可能無從消除，甚或惡化下去。

叁、誰該爲目前的社會安全或國家安全負責？

針對目前重大刑案未破，導致社會安全全面崩潰，各界都在追究誰該負責？除了總統、行政院長、內政部長、警政署長之外，依作者之見，調查局、軍事情報局、國安局三個單位更該負責。調查局的職務有三分之一是治安，三分之二為情報蒐集，依法接受國安局的指導、協調與支援；軍情局對中共情治人員來臺不能有效掌握，無從警覺；國安局則是國家最高情治機構。這三個單位依法負有國家安全之責，對威脅國家安全的「國家情報」未能掌握，所以他們都該負責。

以維護社會安全，確保國家安全為要務，能者行之，不能者去之，乃民主國家之常態。目前臺灣社會治安的敗壞，其實是整個上層與下層結構的「腐化、惡化、黑化、黃化」之具體呈現。眞是社會安全不保，國家安全可危，全體國民應人人奮起救國！

然而，社會愈開放，似乎愈不安全。所有積極推行民主政治制度的國家、社會都愈來愈「黑」，愈來愈「黃」，愈來愈不安全。在共產國家裡，也只有徹底推行文化大革命那幾年社會沒有「黑化」問題。卡爾巴柏（Karl R. Popper, 1902—）在《開放社會及其敵人》

（The Open Society and Its Enemies）一書中認爲，「最大多數的最大幸福」只是個虛擬的理想，所能做到的是「將災禍化減到最小」。所以社會愈開放，愈需要利用社會制度保護弱勢者（如窮人），更需要理性批判的空間，才能使社會趨向安全，以維護社會安全。

人民知的權利與國家安全的拔河——

國內外三個平時、戰時案例的觀察研究

從古到今，人民知的權利與國家安全兩造，似乎在進行著永不休止的拔河。站在國家的立場，總想把更多的資訊列入機密範圍，縮小人民知的權利之範疇，甚至為維護國家安全，犧牲人民權益或生命；

站在人民的立場，總千方百計的想知道更多，打開國家安全的「黑盒子」，個人負擔最少而從國家獲得最多安全保障。

特別是自由、民主思想愈是高漲，兩造關係愈是緊張。素有民主老牌國家的英國也不例外，目前英國政府基於國家安全的理由，在各種法令中大約還有二百五十則「守密條款」，近年更通過「檢舉法案」（The Whistleblower´s Bill），重重限制人民知的權利。但人民也不是「省油的燈」，爲突破「守密條款」，國會通過「新聞自由法」，擴張了人民知的權利。所幸，若有兩造爭議不下的問題，則由文官委員會調查後，向議會報告，或由「人權監察委員」處理解決。

我國情形又如何呢？戒嚴時代所謂「人民知的權利」，「當然」是要犧牲的。但解嚴之後，人民知的權利逐年看漲，國防、軍事與情治領域的「黑盒子」，都被迫一一打開，兩造關係常有緊張局面。本文舉一平時（國安局控告《自立早報》案）案例討論，另以美國在波灣戰爭及「陳進興案」闡揚之。

壹、「國安局控告《自立早報》」案之緣起

本案發生於八十六年七月間，正值修憲問題吵得火熱的過程中。七月二十二日，《自立早報》報導國安局局長殷宗文曾在聯勤外事俱樂部召集會議，「密令國內各情治及交通部電信局等單位首長，對反凍省國代下達全面監聽指令」。國安局認爲這是不實報導，涉及汙衊與人身攻擊。《自立早報》堅持這是媒體良知，維護人民知的權利。於是引爆兩造「攻防戰」。

貳、國家安全局的嚴正聲明

當七月二十二日《自立早報》報導面市，國安局局長殷宗文立即在同日舉行記者會澄清說明，次（二十三）日以國安局名義，在全省

各大報紙提出嚴正聲明，駁斥《自立早報》不實的新聞報導如後。

針對《自立早報》七月二十二日於頭版刊載「國安局殷局長密令國內各情治及交通部電信局等單位首長，對反凍省國代下達全面監聽指令」乙節，特提出澄清，並嚴正聲明如下：

一、國家安全局自民國八十三年元月一日法制化以來，定位為國家安全情報機關，依法綜理國家安全情報工作及特種勤務之策畫與執行，一向堅持行政中立、情治分立、依法行政之工作宗旨，從未逾越，既不介入治安工作，更不會介入修憲。《自立早報》誣指國安局利用電話監聽「反凍省」國代之動態，特此嚴正聲明，絕無此事，國安局絕不會也不可能介入執行監聽工作。今年三月間立法院國防委員會朝野委員曾蒞臨國安局電訊科技中心參訪，並實地了解該中心運作狀況，朝野委員除一致肯定國安局科技情報工作之重要性及對國家安全之貢獻外，當可證實國安局的科技情報工作與監聽無關。

二、《自立早報》應該向聯勤外事俱樂部查證六月二十八日有無國安局訂席紀錄？也可以向各情治單位首長，包括軍情局、調查局、警政署、憲兵司令部以及電信局等首長查證國安局有無邀集開會？即可了解事實眞相，現該報竟無中生有，大幅渲染報導，並用「可恥行徑」、「令人髮指」等人身攻擊的尖銳用詞，非但有損殷局長的個人聲譽，對國安局及各情治單位都造成嚴重的傷害。

三、鑑於《自立早報》之報導，絕非事實，純屬虛構，誤導國人對情治單位行政中立之立場，產生疑慮。國安局特此鄭重澄清，並要求《自立早報》於三日之內在同版面澄清道歉，否則依法追訴，以正視聽。

國安局嚴正聲明後，《自立早報》始終沒有善意回應，國安局殷局長於七月二十八日委託律師劉秉鈞，以個人名義向臺北地方法院提起自訴，指控《自立早報》發行人陳政輝、總編輯劉從哲加重誹謗罪。

叁、《自立早報》也發表嚴正聲明

針對國安局的聲明，殷局長向臺北地方法院提出自訴案，《自立早報》隨即在同（二十八）日晚間發表聲明如下：

一、本報報導國安局邀集相關單位進行違法竊聽等集會之事實，係秉持新聞採訪之專業，經反覆查證、愼重處理，並對政府相關單位違法竊聽之行爲予以揭發，對外公開，以供人民知的權利，維護我國全體公民之隱私權，給全臺灣人基本的生存尊嚴，絕非針對個人，或有任何預設立場。

二、殷宗文先生對本報提起自訴，本報認爲係不智之舉，因爲此舉將更加深人民對國安局角色的疑慮，及產生國人對白色恐怖的厭煩與惶恐。本報相信我國司法獨立、審判公平，本報樂意接受司法之調查，希望藉此讓長久以來充滿神祕色彩的國安局攤在陽光下接受檢視，本報並殷切盼望局長本人能親自出庭，本報亦將向庭上提出更多證據。

三、殷宗文先生任國安局局長，本報報導其與公務相關事宜，全係可受公評之事。本報未來仍將秉持處理新聞之一貫原則，維護民主制度和基本人權，讓全臺灣人生活在自由、尊嚴的法制下，此立場永不改變；而本報揭發白色恐怖的行動，亦不受動搖，永不退縮。

本案兩造均堅持自己是正義的一方，乃透過法律途徑尋求解決。殷宗文的委任律師劉秉鈞說，政府機關不得爲自訴人，因此才以殷宗文個人名義提起自訴，如果未來法院認定《自立早報》這篇報導也對國安局造成傷害，法院仍得依職權就此部分作處理（民國八十六年九月九日《中國時報》第七版報導：《自立早報》已發覺報導上的錯誤，承認所報導乃對國安局及殷局長聲譽之影響，爲記者「一時失察」，特刊登啟事道歉）。

肆、永遠沒有平衡點的互動與較量

亙古以來，人民知的權利和維護國家安全始終在拔河，就像離心力與向心力要保持平衡同樣困難。但本案已進入司法程序，誰是誰非應靜待法院判決，作者自無偏向任何一方說話之必要，亦無需去做查證工作。惟本文旨在運用此一事例，研究人民知的權利與國家安全的關係，針對本案提出幾點供學術研究與國人之參考。

一、就法論法，這是一個簡單的命題。「有就是有」、「沒有就是沒有」，二者之間不會有模糊地帶，一查便知，國人很快就可看到眞相。但如果背後潛藏有政治鬥爭、黨派之間的權謀設計，甚至利益交換與泛政治化等，則民眾可能永遠見不到眞相。這是我們所不願見到，也表示臺灣的民主、法治是不健全的。

二、世界各國都有情治機關，政府需要透過情治機關掌握國家安全的相關訊息。只要保障國家安全和侵犯人民權利之間，永遠呈拉鋸狀態，當雙方成均勢狀態，或礙於諸多情勢的雜亂，最後不了了之，人民也看不到眞相。

三、《自立早報》希望國安局「攤在陽光下接受檢視」，這也不可能，人事行政局等一類的單位都不可能完全攤在陽光下，何況情治單位。此世界各國皆然，英國的皇家情報局、MI5與MI6的神祕性更高，不僅把預算「隱形」，其首長外界更不得而知。美國的FBI、CIA，日本的內閣調查室都一樣。

四、把情治機關攤在陽光下也有顧慮，等於全部對敵人都表白了，使敵人掌握了我們全部情況，國家安全因而不保，人民權利成了泡影，這對人民各項權利都是最大的傷害。從這個觀點看，人民知的權利與國家安全有交集，也有平衡點。

五、我們所認知者，所謂「攤在陽光下」只是一個程度問題，就連一家報社也不可能把所有事情完全攤在陽光下。正確的做法，是不論媒體、情治單位的活動與職掌範圍都要在法治規範下運作，何者可以攤在陽光下，何者列爲機密，都應受到制度規範，訂出明確的界線。如此才易於找到兩造之平衡點，使「國」與「人」都安全滿意。

伍、國家安全與新聞自由

——波灣戰爭中美國案例示範

溯自美國建國以來，南北戰爭期間並未實施新聞檢查，致使軍隊蒙受損失，第一及第二次世界大戰即設有新聞檢查局，戰後於一九四五年十一月始行撤銷。越戰期間因人民知的權利高漲而未限制新聞採訪，導致許多不可彌補的傷亡，美國經歷這些教訓反省，一九九〇年波灣戰爭時他們試圖在人民知的權利和國家安全之間，找尋可以被各方面接受的法則。

一、國防部邀請媒體共訂戰地採訪守則

這個共訂的戰地新聞採訪守則，在聯合國授權對伊拉克動武期限到期後開始擬訂。採訪備忘錄中明確指出，守則旨在保障軍人安全、保護傷亡官兵最親近的人，讓戰地記者有最大可行的採訪自由。要點如下：

㈠兩軍對抗時，發布消息前應接受保安檢查。

㈡所有採訪須有軍方人員陪同。

㈢必須身體強健，不能忍受戰地勞苦者均須撤離。

㈣所有對軍方的採訪須事先協調，不得臨時採訪。

㈤未經授權，不得向精神焦悶、受鉅大驚嚇人員或治療中的精神病患採訪、攝影及錄音。

㈥下列種類消息不得發布：

1.部隊、飛機、坦克、卡車與運水車等數量。

2.軍事設施名稱、位置、交戰細節。

3.情報活動、沙烏地阿拉伯宗教儀式。

4.敵軍之偽裝、掩護、欺敵或安全設施。

(七)未經授權，不得與戰俘開記者會或採訪。

(八)戰地記者須通過耐力測驗：男性記者二千四百公尺須十五分三十秒內跑完，兩分鐘內完成三十三個伏地挺身和三十二個仰臥起坐；女性記者二千四百公尺須十七分十五秒內跑完，有十三個伏地挺身和三十個仰臥起坐的能力，否則取消採訪資格。

美國國防部綜合了二次大戰、韓戰、越戰的教訓，試圖在國家安全、軍事戰略和人民知的權利之間找到平衡點，訂出上述嚴格守則，媒體初期激烈抗議，但國防部不斷溝通解說。當地面戰爭在一九九一年二月二十四日上午九點（臺北時間）全面爆發時，國防部長錢尼下令全面封鎖地面攻擊新聞。二月二十八日上午十點（臺北時間）布希總統宣布停火，軍方立即公布整個作戰過程和結果，對媒體及社會大眾做一交代。部分自由派新聞單位及記者，雖曾向法院提出控訴，要求法院裁決國防部對採訪的限制是違憲，惟力爭無效後，只好接受新聞管制辦法。

二、新聞媒體在政治與軍事上的工具性及其爭議

波灣戰爭期間美國派駐中東記者高達千人，其中CNN（有線電新聞網）達二百多位，ABC（美國廣播公司）和NBC（國家廣播公司）各達四十位。大體上都能遵守共訂之採訪規定，但各方面爭議仍多。

㈠媒體快速改變立場以支持國家安全為首要

美國媒體對國防部的管制措施雖有抗爭，但當聯軍對伊拉克發動攻勢後，即全面支持布希政府及聯合國的決議，倡言用和平解決的聲音銷聲匿迹。例如：

《紐約時報》爲首的反戰團體轉而支持用兵。

CNN、ABC、哥倫比亞廣播公司拒播反戰廣告。

當戰爭正式開打，美國媒體開始體認到現階段國家安全重於人民

知的權利，壓倒性的支持制裁伊拉克的用兵行動，並爲凝聚國人共識，貢獻亦大。

㈡「第四權」也可能成為政治鬥爭的工具

當波灣戰爭爆發後，唯一獲得伊拉克准許留駐巴格達的西方記者，是美國CNN的阿內特。許多人認爲他不可能有客觀報導，只能成爲伊拉克政治宣傳的工具。爾後阿內特果然只能報導對伊拉克有利的訊息，如海珊總統專訪、盟軍對無辜平民的傷害等。

阿內特的報導引起全世界媒體極大的震撼，認爲他違反新聞良知，美國媒體甚至直接批評他「爲敵宣傳」。CNN在播出阿內特的報導時，只好加個「但書」，說明他的報導是經過伊拉克的新聞檢查。這表示美、伊雙方對新聞管制都是很嚴格的，雙方的考量都是「政治宣傳力量太大了」，是另一種「戰場」，因爲它被稱爲「第四權」，在這個戰場輸了，另一個眞實的戰場也許就輸了。

㈢新聞媒體也可以成為戰爭工具

當雙方正式宣戰或不宣而戰，「新聞戰」到底是政治宣傳還是軍事作戰的一部分？或仍只是一種事實與客觀的報導呢？已經是很難區分了，但對戰爭已有決定性的「工具性」功能，則是不可否認。海珊認為「若打軍事戰，戰場在伊拉克；若打政治戰，戰場在美國」。對媒體的控制力，伊拉克亦高於美國，伊拉克對新聞的運用手段是純「工具性」的；美國則少見把新聞媒體當工具性運用。海珊的「八大新聞戰攻勢」如下：

1. 利用「人肉盾牌」阻止美軍攻擊。
2. 號召回教世界支持「聖戰」。
3. 利用國際反戰力量牽制美軍行動。
4. 釋放人質回家過聖誕節以贏取國際好感。
5. 報導聯軍以伊拉克平民為轟炸目標。
6. 利用被俘的聯軍飛行員發表反戰談話。

7. 發射飛雲飛彈攻擊以色列和沙烏地阿拉伯。

8. 戰爭末期利用蘇聯調停牽制美國。

海珊的八大新聞戰未能產生預期的工具性效果，實在錯估敵情所致，特別是錯估當時的國際及阿拉伯世界政情，聯軍、美國及其他參戰國才能見招拆招，贏得勝利，「新聞界」與有榮焉。相信未來國家在維護其安全、生存與發展的過程，媒體依然是個不甘寂寞的決定性角色。

陸、從「陳進興案」檢討媒體自律與社會安全

「陳進興」三個字在八十六年可算是媒體上最顯耀的主標題，有半年多的時間這三個字是恐怖、惡魔的代名詞，他的犯案過程各新聞媒體都有詳盡報導，此處毋須贅述。這裡要討論的是從白曉燕被綁架到陳進興棄械投降，媒體在報導過程中，對維護社會安全與正義原

則，是否犯下一些重大錯誤，值得檢討改進。

一、現行新聞媒體所須遵守的共同價值規範

媒體雖有「第四權」的崇高地位，但仍須受到更高價值的規範，如社會正義、安全、道德與國家安全，此並無疑義。「中國新聞記者信條」、「中華民國報業道德規範」、「中華民國無線電廣播道德規範」、「中華民國電視道德規範」、「新聞倫理公約」等，都有必須遵守的共同價值規範。位階最高的「廣播電視法」第二十一條，更有如下不得為之的規定：

㈠損害國家利益或民族尊嚴。
㈡煽惑他人犯罪或違背法令。
㈢傷害兒童身心健康。
㈣妨害公共秩序或善良風俗。
㈤散布謠言、邪說或淆亂視聽。

可惜！國內媒體在「陳進興案」的過程中，完全推翻了法令規章及同業自訂的價值標準，而高度服膺「新聞商品化」之邏輯，把人民知的權利視爲「最高指導原則」。這是一個很弔詭的問題，甚至是「詭辯」。

二、從媒體報導陳進興案所暴露的媒體問題

陳進興棄械投降後，「社會安全」似乎鬆了一口氣，連「國家安全」也鬆了一口氣，各行各業得以正常營業，不論民眾、檢警與媒體也開始冷靜檢討缺失。總體檢視本案的媒體報導有以下幾項問題。

㈠媒體不顧基本規範縱容暴徒：媒體棄守共訂的社會道德規範，向暴徒一面倒，企圖用「滿足暴徒人權與人民知的權利」來合理化。惟適得其反，不僅塑造暴徒成爲「悲劇英雄」，使他犯罪合理化，且一夜之間暴徒成爲「犯罪典範」，第二或第三個陳進興恐怕就要出現了。果眞如此，媒體豈不成爲殺手「清潔劑」。

㈡媒體不顧人質安全：綁架案需以人質安全爲最高考量與行爲指導，此在先進國家概有共識。本案在白曉燕被綁架初期，白冰冰與暴

徒周旋付款之際，部分媒體卻緊隨追蹤報導，此亦可能使暴徒誤解而將「肉票」做掉。如此，媒體與暴徒成爲「共犯」。

㈢媒體把歹徒與受害人放在同一天平評論，違反社會正義，更使白冰冰受到二度傷害。報導過程中把白冰冰的欠缺寬恕當成錯誤來批判，把陳進興的掌控全局到棄械投案，當成英雄人物，將使社會正義價值觀更形錯亂。誠如白冰冰在八十六年十一月二十五日發表的公開信，學習寬恕需要時間。而媒體及社會大眾也要學習寬恕，如何獨就先要求白冰冰寬恕。

㈣檢警單位縱容媒體：從不敢制止媒體妨礙辦案，到經常洩漏辦案方向，媒體成爲歹徒合夥人共同反制警察及檢調單位的工具；最後整個舞臺由陳進興導演，媒體主演，檢警成爲觀眾。這是檢警單位害怕媒體所造成的。

㈤民眾縱容媒體：國內媒體之所以瘋狂到不顧社會正義，社會大眾是重要因素，君不見現場人山人海，全國民眾連夜守在電視機旁。

「市場」成爲媒體不願自律的藉口。

從本案來檢討「人民知的權利與國家安全的拔河」，可以證明我國新聞媒體的報導規範處於「自然狀態」（指無政府狀態各自拚鬥，強存弱亡的原始自然世界），媒體如何使人民有「知」，與社會正義、道德、國家安全之間如何取得平衡點，這是「白案」之後我們除了檢討前述缺失，今後要學習的目標。

不論稱「人民知的權利」或「第四權」，所謂「新聞良知」和獨立自主性必須充分尊重應無疑慮，因爲它是民主開放的指標，也是進步與落後的分野。但當國家安全顧慮升高時，人民知的權利應受限制，媒體應受規範，在實戰經驗中得到合理的驗證。新聞報導應就事論事，不可「捕風捉影、無中生有」，對國家安全造成傷害，國安局控告《自立早報》案也爲我們提供一個反省的機會。

我們常直覺地把國家和人民設計在相敵對的立場，這樣的思考有待商榷。若把「國家」解析開來，包含人民、領土、主權、政府等四種組成要素，把「人民」全部抽離，其他三種就變成無意義。不能維護人民安全，其他三種組成要素也都不重要了。所以維護國家安全，亦即等於維護國家之內所有人的安全。假如能這樣思考，則人民知的權利與國家安全就可以結束永恆的拉鋸戰，因爲「國」與「人」消除了本位主義，敵對立場也消失了。

反毒戰爭與國家安全——

兩次「鴉片戰爭」的比較檢討

從民國八十二年五月十二日，前行政院長連戰宣布「向毒品宣戰」，社會各界以「第二次鴉片戰爭」稱之，因這與「第一次鴉片戰爭」同樣是影響社會安全、國家發展，甚至影響到國家安全與存亡，故只許成功不能失敗。

八十六年九月五日，教育部在協和工商召開「反毒研討會」，全國各學校反毒工作負責人（多爲教官）參加。作者以臺灣大學負責人身分參與盛會，教育部政務次長李建興先生蒞臨致詞，軍訓處長宋文將軍主持。會中提出專題報告，檢討工作得失及策勵未來。報告中提出「毒品可以導致亡國」的警示，並以鴉片戰爭爲例說明。本書討論國家安全中的內部安全方面，一再申述社會「腐化、惡化」是導致內部安全體系瓦解的關鍵因素。有關黑社會、貪汙及色情已在其他各篇討論，本文爲撰述上的方便，把社會被毒品嚴重「毒化」的問題單獨區隔出來，期能明確地凸顯問題，以利各界檢討改進，維護社會安定、安全，進而確保國家安全。

壹、第一次鴉片戰爭的回顧

一八四二年鴉片戰爭的經過，在每一本中國近代史都有專章討論，我們已不知讀過多少回，故無需再重述這場因「反毒」而引起的戰爭。但我們要再次記取戰敗的結局，從現代觀點檢討戰敗原因，對全國上下積極進行的「第二次鴉片戰爭」才具啟示作用。

鴉片戰爭的結果是道光二十二年（一八四二年）中英簽訂「南京條約」，中國代表爲欽差大臣耆英、乍浦副都統伊里布，英方爲全權大臣樸鼎查（Sir Henry Pottinger）。條約要點如下：

一、割讓香港，任憑立法治理。

二、補償菸價（鴉片）六百萬元。

三、廢止公行，英商可任便貿易，中國政府代清商欠三百萬元。

四、賠軍費一千二百萬元。以上共計二千一百萬元，分四年繳清，到期未能繳清，每年每百元加息五元。

這裡只列出割地賠款部分，其他還有開放五口通商、設置領事等。香港即在這個條約中割讓給英國，到一九九七年回歸中國，共脫離了一百五十五年。用現代觀點來詮釋中國在這場戰爭失敗的原因如下：

一、國際關係與國際安全

透過國際關係，經由國際安全（集體安全或區域安全）確保國家安全的思想，中外皆自古有之。但中國此時封閉自守，思想錮蔽，所謂「國際」概念全無。西方國家則無不放眼全球，或由國與國之間的聯盟，獲取國家最高利益，中國正好是當時各國發現的「大肥肉」。

二、軍事安全與戰略指導基礎

從建軍備戰的程度比較，中國當時仍處於「第一波」的農業時代水準。而西方工業革命已進行了一百多年，屬「第二波」工業時代水準。從戰略指導的基礎觀察，當時西方國家所遵循運用的戰略指導，來自菲特烈（Frederick the Great）、約米尼（Antoine de Jomini）、克勞塞維茨（Carl Von Clausewitz）與拿破崙（Napolean Bonaparte）等四家，他們的著作爲各級將校所必讀與研究；而中國負責軍事方面者，如奕山、琦善，甚至林則徐，都極欠缺戰略素養。中國的孫子雖貴爲「兵學鼻祖」，但當時中國並沒有軍事教育學府，也未把

《孫子兵法》納入軍事教育體系內。

三、社會結構與內部安全

中國吸鴉片惡習自明代開始，清雍正始頒禁令，乾隆後期英東印度公司大量銷往中國，至鴉片戰爭時爲禍中國近二百年，「吸毒」已流行社會各階層。結果造成社會結構和內部安全系統的破壞，社會各階層普遍性「腐化、惡化」，故「愈禁而流毒愈廣」，「東亞病夫」之封號於焉獲得。

貳、「第二次鴉片戰爭」現況

國內反毒老早在進行，只是成效不彰。八十二年二月，製造安非他命之楊南山犯罪集團落網，五月十一日檢警在屏東緝獲高純度海洛因毒品三三六公斤，震撼社會。前行政院院長連戰隨即於五月十二日宣布「向毒品宣戰」，由內政部召集各相關部會成立「中央肅清菸毒協調督導會報」，不久再提升至行政院層級，成立「中央反毒會報」。表一、二是近年全國反毒戰爭的現況，分析如下。

一、近六年菸毒及麻藥偵審情形（表一）

新收偵查案、起訴案及判決有罪人數，都以八十二年最多，八十三、八十四兩年連續減少，八十五年再呈現增加，有死灰復燃之趨勢。

二、情治機關偵破毒品數量（表二）

菸毒（包括海洛因、嗎啡、大麻等）以八十二年最多，而後逐年減少。安非他命（包括半成品、原料）以八十三年破獲將近七千公斤最多，接著連續兩年減少。

三、從八十五年臺灣地區菸毒麻藥案件裁定有罪人犯中，國中程度占百分之五十五，就年齡言，三十歲以下占百分之五十三，就職業言，「無業者」占百分之四十七，就毒品來源則以大陸最多，達百分之六十四。

表一　近六年菸毒及麻藥偵審情形

偵審	新收偵查案		起訴案		判決有罪確定人數	
年度	案件數	與前一年比較	人數	與前一年比較	人數	與前一年比較
80年	20,201	292.25%	25,989	406.11%	14,680	341.24%
81年	40,249	99.24%	45,636	75.60%	28,176	91.93%
82年	57,139	41.96%	56,357	23.49%	47,836	69.78%
83年	44,887	−21.44%	40,838	−27.54%	43,608	−8.84%
84年	32,788	−26.95%	30,295	−25.82%	31,554	−27.64%
85年	37,057	13.02%	33,141	9.39%	26,493	−16.04%

資料來源：行政院衛生署，《藥物濫用防治》宣導教育手冊，民國八十六年六月。

表二　法務部調查局、各警察機關、憲兵等單位偵破毒品數量

單位：公斤

類別／單位／年度	菸毒（包括海洛因、嗎啡、大麻等）					安非他命（包括半成品、原料）				
	合計	調查局	警察	憲兵	其他機關	合計	調查局	警察	憲兵	其他機關
80年	243.14	88.25	154.52	0.37	–	1,421.34	116.82	1,297.64	6.88	–
81年	474.96	325.95	90.82	58.19	–	2,903.50	1,972.18	886.94	44.38	–
82年	1,113.91	286.71	814.18	13.02	–	3,357.24	2,391.94	963.55	1.75	–
83年	680.13	151.71	518.67	9.75	–	6,868.72	4,232.36	634.49	1.87	2,000.00
84年	261.93	110.94	103.42	0.77	46.80	3,761.52	2,149.59	1,390.95	15.77	205.21
85年	160.41	84.29	62.66	1.80	11.66	1,913.47	1,240.50	451.54	3.46	217.97

資料來源：同表一。

叁、兩次鴉片戰爭的比較

中國人在一百五十多年前因反毒戰爭不力，導致割地賠款，陷國家於危亡關頭。一百五十多年後的今天，香港回歸中國人自治自理，

我們卻依然爲毒品所苦，不知這「東亞病夫」現在是否已經除名？惟兩次鴉片戰爭有若干異同。

一、戰爭型態不同。第一次鴉片戰爭是血淋淋、眞刀眞槍的眞實戰爭，兩國動員武裝部隊，目標明確，敵我分明。現在的「反毒戰爭」是無形的，號稱「全民動員」，但沒有戰爭的火藥味，目標（販毒、吸毒、黑社會等）不明，敵我界限不易區別。暗箭難防，是第二次鴉片戰爭的特質。

二、毒品內容不同。第一次所指就是鴉片。但現在所稱「毒品」內容頗爲複雜，可區分兩類：第一類屬痲醉藥品，有鴉片、嗎啡、海洛因、古柯葉、古柯鹼（我國刑法稱高根）、快克（Crack）、大痲、速賜康等，第二類是影響精神藥物。此外，如紅中、白板、安非他命、MDMA（俗稱忘我、狂喜）、天使塵（PCP）等，種類複雜。此外，強力膠及有機溶劑亦都是。

三、反毒決心同、成效不同。滿清禁毒決心並非沒有，雍正時規定販賣鴉片者充軍，私開菸館，擬絞監候，嘉慶亦重申禁令。道光時林則徐受命禁菸毒，他說得最爲剴切，他認爲鴉片流毒天下，爲害甚鉅，法當從嚴，若猶泄泄視之，是使數十年後，中原幾無可以禦敵之兵，且無可以充餉之銀。少數人空有決心，多數人是欺矇官吏，故反毒没有效果。現在的反毒絕大多數人有共識，決心持之以恆必見其效，從表一、表二都可見反毒效果。只要多數人體認到「若猶泄泄視之，是使數十年後，臺灣幾無可以禦敵之兵」，我們便大有可爲。

四、毒品之害古今相同。不僅在政治、軍事層面上嚴重傷害國家總體戰力，經濟上亦然。初期中英貿易，中國出口以茶葉、磁器、絲巾爲大宗，入口則以毛織物、五金、工藝品爲主，直至道光初年，中國恆居出超地位。道光中葉後，每年鴉片進口高達三萬箱以上，終致氾濫全國，爆發戰爭。毒品腐蝕社會結構，瓦解內部安全體系，威脅國家生存、安全與發展，此均古今相同。

本文旨在透過歷史事件與社會現況事實，檢證一件事情：任由毒品氾濫，肆虐社會，而不能有效防治查緝，會瓦解社會內部安全體系，威脅國家之生存安全與發展。這不是嚇唬人的，更不是危言聳聽。

威脅國家安全的非軍事因素淺析

壹、前言

國家安全（National Security）一詞是近年國內曝光率頗高的名詞，惟一般研究威脅國家安全因素，都把重點放在軍事層面上。如此，「非軍事」與「軍事」便形成一個兩分分類（Dichotomous Classification ）的相對概念，這並非是一個精確的分類，因爲有許多灰色意涵的概念正在不斷擴張，例如游擊戰、恐怖主義、中共的民兵或武警，究竟要歸類在「軍事」或「非軍事」呢？

國內曾經舉辦一項「國家安全學術研討會」，會中討論臺灣安全防衛戰略措施時，畫分「非軍事」、「非正規軍事」和「正規軍事」等三個部分（註①）。非軍事範疇包含「非暴力」和「精神暴力」兩者，這樣界定非軍事之範圍，吾人以爲在語意上還是不夠明確。從比較宏觀的總體國力（Total National Power ，簡稱：國力）來觀察，或許對威脅國家安全的非軍事因素，可以列出一些便於觀察的特徵。國力是以國家的「安全——利益」爲歸屬，實質上就是國家生存力、發展力和國際影響力的「協同合力」，建立國力的目的在維護國家的生存、安全與發展（註②）。

貳、總體國力中的非軍事因素

國力既然以國家安全為歸屬，則吾人論威脅國家安全的非軍事因素，就必須從國力結構中的各組成要素，單獨把「非軍事」部分區隔出來。國內在論國家戰略（National Strategy）時，是包括對政治、軍事、經濟、心理等四種力的建立與運用。美國戰略學家克萊恩（Ray S. Cline）直接地說：「國力為一個由戰略、軍事、經濟、政治力量和弱點所組成的混合體（註③）。」中國大陸的學者提出「綜合國力指標架構」，包括資源、經濟活動能力、科技能力、社會發展程度、政府調控能力、外交與軍事能力，實際使用指標八十五個，參與匯總指標六十四個（註④）。

綜合以上各家之說，威脅國家安全因素其「軍事」部分所占的指標極少，「非軍事」方面指標最多，可見威脅國家安全的非軍事因素確實很複雜。曾任美國參謀首長聯席會主席的泰勒將軍（Maxwell D. Taylor）觀察冷戰時代許多不友好的外國政府，運用非軍事手段：政治、外交、經濟、心理作戰、陰謀破壞、誹謗宣傳、恐怖主義和准軍事暴行等，對美國的國家安全造成相當大的危害。泰勒認爲國家安全的非軍事威脅，必須用非軍事手段解決；甚至欲解除軍事威脅，須以多方面的非軍事手段，予以遏阻或軟化。泰勒稱這些非軍事因子爲「國家珍貴資產」（註⑤）。本文研析威脅國家安全的非軍事因素，以從總體國力中化約歸納出政治、經濟、社會與其他四方面淺論之。

叁、政治發展困境和途徑

政治發展（Political Development）是民主政治的建立，是多元社會變遷的過程，是經濟發展的政治先決條件，也是工業社會的政治典範（Politics Typical of Industrial Societies）。總之，政治發展是安定而有秩序的變遷（註⑥）。若國家的政治發展能安定而有秩序地進行，不僅合乎國家利益，並且可以確保國家安全。

可惜，我們觀察人類建立國家的歷史發展過程，似乎趨向多元（合理地說是分裂）。一七七六年時全世界是三十五個國家，今天已接近兩百個，連美國的夏威夷和加州北部諸郡也在醞釀獨立。美國國務卿克里斯多福在參院任命聽證會上說：「我們如果找不出不同族群在一國之內和平共處之道……未來我們將有五千個國家，而非目前將近兩百個國家（註⑦）。」這表示在世界上有許多國家，其國家整合（National Integration）和國家認同（National Identity）尚未完成，可列舉如表一，分析這些產生分離危機的國家，考其原因不外：

一、種族主義的困擾。

二、地域認同觀念的衝突。

三、宗教信仰的歧異與衝突。

四、種族語言紛歧的障礙。

五、政治或經濟發展失衡。

表一　國際上國家認同（整合）未完成列舉

國家	分離者	解決手段
俄羅斯	車臣	戰爭恐怖攻擊
伊拉克	庫德族	〃
英國	北愛、蘇格蘭、直布羅陀	〃
印尼	東帝汶	鎮壓
薩伊	胡圖、突西族	戰爭、屠殺
義大利	帕丹尼亞、西西里	民主?‧暴力
法國	科西嘉	暴力
加拿大	魁北克	民主
中華民國	中共、新疆、西藏、臺灣	戰爭、暴力、談判

所謂「分離主義」（Separation or Secession），常以民族或種族

主義爲訴求，要求分離母國而獨立，充滿浪漫主義（Romanticism）的色彩，以爲獨立後「公主與王子從此過著幸福美滿的日子」。殊不知將帶來更大災難，更多戰火，如非洲境內的薩伊（Zaire）、盧安達（Rwanda）、蒲隆地（Burundi），餓殍遍野，已成人間煉獄。

解決國家整合和國家認同的問題，是一項高度智慧、高難度的政治大工程，對國家安全（包含戰爭與和平、無數人的生與死）有決斷性的影響，能不愼乎？大體上須把握下列原則，不可有太多偏離：

一、自主性的同化（Assimination）。

二、價值共識（Value Consensus）。

三、平等政策之取向。

四、政治合法性（Political Legitimacy）的增強。

五、獨立自主的發展（註⑧）。

其他如政治精英（political Elites）的整合，中產階級的形成，政治制度化的建立都是重要原則，不能偏廢。

肆、經濟發展及其困境

經濟發展（Economic Development）常與政治、社會、文化、教育、人口等問題有密切關係，可以帶動整個社會經濟結構的改變，走向政治改革。爲促進經濟發展，政府常要採取適當的經濟政策，以加速經濟發展的進程，達成充分就業、提高國民所得、維持物價穩定、促進所得分配、資源合理運用、改善國際收支地位、滿足集體需求等目標。若經濟發展能安定持恆，經濟政策目標能達成，則內部安定和國家安全均可期。一國之經濟發展成果如何？民意的滿意度如何？有多種評估指標，除常見的「痛苦指數」（Discomfort Index）（即失業率與通貨膨脹率之和）外，另舉兩種參考。

一、投資環境：分三方面評估

㈠經濟環境：有國內經濟、經濟自由化、企業環境等三大項核算。

㈡資訊取得：涵蓋資訊性向、資訊架構、資訊分配等三大項。

㈢社會環境：包含穩定與發展、健康、自然環境等三大項。

我國的投資環境，根據美國《世界報》一九九七年三月「國富三角指數」（Wealth of Nations Triangle Index）評定爲三十五個新興經濟體的第一名。該報按國際貨幣基金會、世界銀行、聯合國、美國農業部、中央情報局國力報告所公布的數據編纂而成。評算人員一致的觀點，是「數字比中共的文攻武嚇更有理」（註⑨）。

二、貪汙腐化的程度

經濟發展也有若干難以克服的困境，如貧富懸殊、貪汙腐化（Corruption）等問題。特別是貪汙腐化，都是在社會經濟快速變遷，現代化進行最激烈的階段最爲嚴重，故腐化程度是測量政治制度化有無之標準。

腐化對國家安全是否有極大之威脅，哈靈頓（Harrington）之言眞是一針見血：「一個政府的腐化，是另一個的新生（註⑩）。」

若依德國高廷根大學和「國際透明」組織根據企業主管的意見調查，列出各國貪汙排行榜（如表二），貪汙程度由零（完全腐化）至十（絕對淸廉）作爲評估數據。這項排行榜顯示「國家愈窮」，貪汙愈盛行。我國貪汙度「四·九八」，排行第二十九；中國大陸貪汙度「二·四三」，排名五〇，兩岸目前有志一同正在進行「反貪汙腐化」運動，哪一個政府要持續腐化下去，哪一個政府會是「新生」，尚待較勁、觀察。再者，臺灣對大陸貿易依賴度逐年上升，行政院經濟建設委員會爲兼顧國家安全，提出開拓大陸以外市場及設立經貿營運特區的具體建議（註⑪）。中共「以商促統」、「以商圍政」、「以民逼官」的對臺策略，是我們在政經發展政策上必須化解與克制之要點。

表二　各國貪汙程度排行榜

國　　家	貪汙度	國民生產毛額（單位：美元）	國民生產毛額排名
1.紐西蘭	9.43	13,190	22
2.丹麥	9.33	28,110	3
3.瑞典	9.08	23,630	8
4.芬蘭	9.05	18,850	16
5.加拿大	8.96	19,570	14
6.挪威	8.87	26,480	4
7.新加坡	8.80	23,360	10
8.瑞士	8.76	37,180	1
9.荷蘭	8.71	21,970	12
10.澳洲	8.60	17,980	18
11.愛爾蘭	8.45	13,630	20
12.英國	8.44	18,410	17
13.德國	8.27	25,580	6
14.以色列	7.71	14,410	19
15.美國	7.66	25,860	5
16.奧地利	7.59	24,950	7
17.日本	7.05	34,630	2
18.香港	7.01	21,650	13
19.法國	6.96	23,470	9
20.比利時	6.84	22,920	11
21.智利	6.80	3,560	30
22.葡萄牙	6.53	9,370	24
23.南非	5.68	3,010	34
24.波蘭	5.57	2,470	37
25.捷克	5.37	3,210	33
26.馬來西亞	5.32	3,520	31
27.南韓	5.02	8,220	25
28.希臘	5.01	7,710	27
29.臺灣	4.98	11,428	23
30.約旦	4.89	1,390	41
31.匈牙利	4.86	3,840	29
32.西班牙	4.31	13,280	21
33.土耳其	3.54	2,450	38
34.義大利	3.42	19,270	15
35.阿根廷	3.41	8,060	26
36.玻利維亞	3.40	770	45
37.泰國	3.33	2,210	39
38.墨西哥	3.30	4,010	28
39.厄瓜多	3.19	1,310	42
40.巴西	2.96	3,370	32
41.埃及	2.84	710	46
42.哥倫比亞	2.73	1,620	40
43.烏干達	2.71	200	54
44.菲律賓	2.69	960	43
45.印尼	2.65	880	44
46.印度	2.63	310	50
47.俄羅斯	2.58	2,650	36
48.委內瑞拉	2.50	2,760	35
49.柯麥隆	2.46	680	47
50.中國大陸	2.43	530	48
51.孟加拉	2.29	230	53
52.肯亞	2.21	260	52
53.巴基斯坦	1.00	440	49
54.奈及利亞	0.69	280	51

資料來源：世界銀行（《中國時報》，民國八十五年十月二十八日）

伍、社會變遷及其困境

社會變遷和文化變遷，常有相同的意義，所以社會學家有時稱它們爲變遷的基本現象或定名「社會文化變遷」（Social－Cultural Change）。變遷方向如何？是走向更好的境界？還是世風日下呢？各種理論和各種說法都有（註⑫）。惟社會變遷所指是某一社會在工業化與現代化的過程。在這變遷的過程中，有許多是難以突破的困境，而以社會的「黑化」與「黃化」最嚴重。

一、從日本「高中女生亡國論」反省我國社會「黃化」問題

關於性交易問題，不僅是古今，亦是中外共有的問題，牽涉廣泛，影響深遠。例如雛妓、販賣人口、性侵害與暴力、婦女及兒童安全保護、色情營業，及因性問題所形成的各種社會犯罪或違反道德規範等，有時亦難免產生認定上的困擾，就好像「色情」與「情色」之

間的爭執。惟民國八十五年七月五日大法官會議釋字四〇七號，解釋「猥褻」出版品的定義是：一切在客觀上足以刺激或滿足性欲，並引起普通一般人羞恥或厭惡感而侵害性的道德情感，有礙社會風化之出版品，均屬之（註⑬）。

由性所衍生的問題，對社會造成的傷害是普遍性、世界性的，光是雛妓全世界就有一百萬，從事色情行業的兒童有兩千萬，亞洲占一半（註⑭）。戰後的日本價值觀念失序，使得少女以幼稚的相對主義價值觀將賣春行為合理化，男人也將花錢買春用雙重標準及相對價值合理化。到一九九六年日本高中女生嘗過禁果的有百分之三十四（高中男生才百分之二十九）（註⑮），日本已是色情觀光業國家。道德沉淪，腐蝕國力，在野黨龍頭澤一郎警告，日本已淪為精神上的垃圾場。民間開始有一種微弱的呼聲——「高中女生亡國論」，國家不要讓高中女生「賣」垮了（註⑯）。

反觀臺灣，我們不要「龜笑鼈無尾」，五萬雛妓，色情所滋生的社會犯罪，如彭婉如命案只是成千上萬件之一。臺北市政府於八十六年二月廢除「管理娼妓辦法」，表面上看娼館和妓女問題都「沒了」，實則「化明爲暗」，社會之腐化從來也都在暗中進行著。防止社會「黃化」，需要國民之覺醒及多數人的參與。

二、從義大利黑手黨問題反省我國社會「黑化」問題

黑手黨在義大利興起已有四百年歷史，販毒、軍火、走私、包攬工程、色情營業，爲禍義大利社會至烈。一九八〇年代開始，大頭目雷依納（Toto Riina）崛起，執行「順黑者生，逆黑者死」政策，主張掃黑的政府高級官員、軍警、將領、法官、情治人員，有不少死於黑手黨的殺害。

我國社會「黑化」程度，其實已到「西西里化」的地步，桃園縣長劉邦友等九人命案更強烈震撼社會人心。八十五年十二月召開全國治安會議，找尋對策。因社會「黑化」所發生的綁架案、搶劫案、凶殺案、強姦案、竊盜案層出不窮。根據國家發展研究基金會的民意調

查，百分之八十一的民眾同意「治亂世用重典」（註⑰）。到八十五年年底，二十一位縣市長已有四分之一（五位）分別被槍擊、停職、收押或列名被告，出事原因幾乎不出「黑」的背景。肅清黑化現象，實爲當務之急；否則基層的根都爛光了，國家這棵樹如何還能枝幹繁茂呢？

社會的「黃化」產生的腐化，與「黑化」產生的惡化，兩者可相互取代，腐化與惡化交互激盪。因此，一個腐化氾濫的社會，也常是一個暴力橫行的社會。

陸、其他威脅國家安全的非軍事因素

威脅國家安全的非軍事因素，雖區分政治、經濟與社會等因素探討，仍難有窮盡（Exhaustiveness）之陳述。其他如危機處理、天災人禍，都可能與國家安全產生直接關係。在國際法上討論國家的消滅

（Distinction of State），有自然原因，如人民四散或全部移出，土地因地震而坍陷，使國家歸於消滅；位處各大強鄰之間（如一九三九年的波蘭）被瓜分，或位於戰略要域上（如科威特），對國家安全而言，都是致命的威脅。

臺灣西海岸地區因超抽地下水及不當開發，造成海岸地區侵蝕、萎縮及地層下陷等嚴重問題。表面上看可能是農漁業或水土保持不當的農經問題，但當海岸侵蝕、下陷對臺灣防衛作戰工事造成破壞，不利於反登陸作戰，則地層下陷使國土消失，就是威脅國家安全的直接因素。

柒、結語

史學家湯恩比（Arnold J. Toynbee, 1889－1975）和政治思想家盧梭（Jean Jacjues Rousseau, 1712－1778）都已發現，國家之亡是從

內部腐化和惡化開始的「事實」，顯然非軍事因素對國家安全有更重大的意義。誠如《民約論》（The Social Contract）指出：當任何人說國家大事「於我何關？」的時候，我們便可認該國亡了；當公民不以公共服務爲主要事務，他們寧願出錢而不願出力時，國家便瀕於覆亡了（註⑱）。非軍事因素對於國家安全的影響是深遠的，是故國家要長治久安，取得比較持久性的和平與安全，還是要從非軍事因素著手，如政治改革、經濟發展與社會建設，這是一個國家安全的基礎工作。軍事的建軍備戰必須要在這個好的基礎上，武力才能成爲一把眞正維護正義的寶劍——確保國家、人民、主權和政府都安全。

【註　釋】

①吳朝旺，非純軍事嚇阻理論的探討——安全防衛的思考模式（臺北：政治作戰學校政治研究所，民國八十五年六月七日），頁五～一〇。

②宋國誠，「中共綜合國力的分析模式及其測算」，中國大陸研究，第三十九卷，第九期（民國八十五年九月），頁九～一〇。

③Ray S. Cline，世界各國國力評估，鈕先鍾譯（臺北：黎明文化事業公司，民國七十一年五月，三版），頁一三。

④同註②。

⑤Maxwell D. Taylor，變局中的國家安全（Precarious Security），李長浩譯（臺北：黎明文化事業公司，民國七十一年三月），第一章。

⑥Lucian W. Pye, Aspects of Political Development，一版（臺北：虹橋書店，民國七十六年六月十六日），頁三三～四四。

⑦中國時報，民國八十五年五月三十一日，第三版。
⑧彭堅汶，孫中山三民主義建國與政治發展理論之研究（臺北：時英出版社，民國七十六年十二月），第二章。
⑨聯合報，民國八十六年三月三日。
⑩Samuel P. Huntington，轉變中社會的政治秩序（Political Order in Changing Countries），江炳倫、張世賢、陳鴻瑜合譯（臺北：黎明文化事業公司，民國七十四年十二月，第三版），頁五一～六〇。
⑪中央日報，民國八十五年八月十九日。
⑫關於社會變遷的方向，是走向更好，還是更壞，有演化理論、循環理論和系統理論的不同看法。見謝高橋，社會學（臺北：巨流圖書公司，民國七十三年六月，一版三印），第二十章。
⑬中國時報，民國八十五年七月六日，第六版。
⑭中國時報，民國八十五年八月二十七日；自立晚報，八十五年八月三十一日。

⑮ 聯合報，民國八十五年十二月十九日，第三十八版。

⑯ 中國時報，民國八十五年十二月十八日，第三版；聯合報，八十五年十二月十九日，第三十八版。

⑰ 中央日報，民國八十五年十二月二十二日，第四版。

⑱ 盧梭，民約論，徐百齊譯（臺北：臺灣商務印書館，民國五十七年七月），第二、三篇。

論「國家競爭優勢」——兼談競爭力優勢與國家生存安全

壹、前言

國家競爭力優勢與國家生存安全，都是近年來各界關注的焦點。競爭力的討論熱潮從民國八十六年四月麥克・波特（Michael E. Porter）來臺演講時達到最高點；而國家安全則從八十四年中共在臺海地區軍事威脅，升高兩岸軍事緊張，再度成爲國人憂心的大問題。畢竟「生存」是人類最原始、最基本的需求，沒有生存安全就會阻礙發展。

不論朝野各界或政府施政內容都已看出，競爭優勢和國家安全已成爲我們施政工作的主軸。綜覽各界所論，隱約看見「國家競爭優勢」（設A變項）與「國家安全」（設B變項）存在某種關係，國內學者並未有明確指出者。本文試從宏觀的國家角度，探究A、B兩變項的關係，話從國家競爭優勢說起。

貳、波特《國家競爭優勢》及其對我國的啓示

競爭策略理論大師、美國哈佛大學商學院講座教授麥克·波特的新著《國家競爭優勢》（The Competitive Advantage of Nations）一書，早在民國八十五年八月就由天下文化出版公司發行中文版（李明

軒、邱如美合譯），隨即引起國內各界普遍關注，波特本人於八十六年四月七日、八日兩天，應當時的行政院連院長邀請來華訪問，晉見李總統登輝先生，及發表有關國家競爭力演講等。

綜觀波特的演講、訪談內容，大體上不離《國家競爭優勢》一書範疇，該書之重點是波特教授費時三年，對十個國家（美、德、瑞典、瑞士、丹麥、義大利、英、日、南韓、新加坡）產業發展，完成比較研究後，提出了著名的「菱形理論」，如圖一（註①）。波特認爲有兩組因素決定國家競爭優勢。

第一組基本因素是：

一、生產要素：包括人力資源、自然資源、知識資源、基礎建設。

二、需求條件。

三、相關與支援產業。

四、企業的策略、結構與競爭對手。

圖一　菱形理論：決定國家經濟優勢的鑽石體系

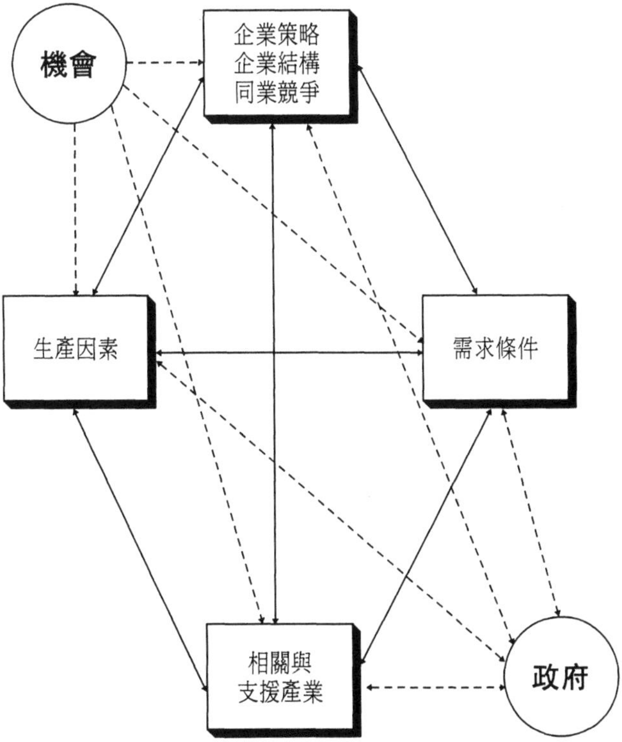

資料來源：波特，　國家競爭優勢

第二組附加因素是：

一、機會。

二、政府（註②）。

對第一組四個因素所構成的菱形關係，波特形容爲「國家鑽石體系」，國家是企業最基本的競爭優勢，因爲國家能創造並持續企業的競爭條件，影響企業所做的策略。第二組的「機會」與「政府」，是國家環境與企業競爭力關係上的兩個變數，但機會通常是政府所能控制的。一個國家的競爭優勢，要厚植於持久的「鑽石關係」上，即兩組因素相互發展、配合、刺激、提升，這是國家不斷進步的最佳組合。

根據波特的研究，企業成功及經濟繁榮的動力是壓力、挑戰和機會，而不是靜態的環境或外在協助。進步是來自變革，而非爲穩定而穩定的偏見。是故，國家競爭發展呈現階段性的關係鏈，此即國家經濟發展的四個階段，如圖二（註③）。前三階段是國家競爭優勢升級

圖二　國家競爭力發展的四個階段

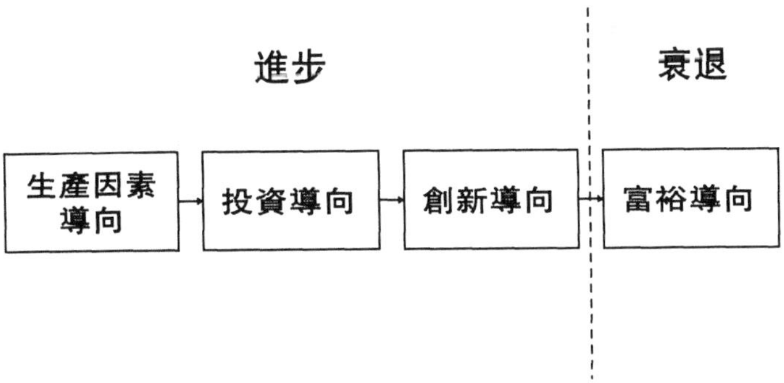

的主要力量，通常會帶來經濟上的繁榮。第四階段則是經濟上的轉捩點，有可能因此而走下坡。按照這四個發展階段，臺灣或許正介於第二個投資導向與第三個創新導向階段之間。

波特在書上對「競爭力」一詞，並不做精確的概念界定，也不去辯論什麼是國家的「競爭力」。但波特簡單而直接地說，「在國家層面上，競爭力的唯一意義就是國家生產力」（註④）。生產力是國民平均所得的本源，決定一個國家長期生活水準的關鍵。了解波特《國家競爭優勢》應該給我們重大的啟示：臺灣競爭力現況如何？又如何檢討改進？「國家競爭優勢」與「國家安全」會有關係嗎？如何鞏固與發展我們的競爭力，邁向我們下一個千禧年（Millennium）。

叁、我國競爭力現況

觀察國家競爭力現況，比較方便與客觀者，還是要透過各種指標，但並沒有哪一種指標是長期性的標準。縱使瑞士洛桑國際管理學院（IMD）發表的一九九七年國際競爭力報告，也過於獨斷與主觀，但可以做短期觀察參考（註⑤）。以下列出三種以觀察我國競爭力現況。

第一種：IMD近三年競爭力（如表一）

IMD評比對象包括二十六個經濟合作暨發表組織（OECD）會員國、二十個新興工業化國家與新興國家，計四十六個國家（如表一）。競爭力評估根據軟、硬體資料，有八大項，兩百二十四個小項。按本表，臺灣從一九九五年的第十四名，掉落到一九九七年的第二十三名，退步最多的是政府效能，進步最多的是科技實力。值得重視者是中國大陸，從一九九五年的第三十一名，進步到一九九七年的第二十七名。

表一　民國八十六年國際競爭力分數及歷年排名

資料來源：中國時報八十六年五月十九日第四版

國別	分數	一九九七	一九九六	一九九五
美國	100.00	1	1	1
新加坡	87.54	2	2	2
香港	74.62	3	3	3
芬蘭	70.80	4	15	18
挪威	70.61	5	6	10
荷蘭	70.29	6	7	8
瑞士	69.80	7	9	5
丹麥	68.75	8	5	7
日本	68.71	9	4	4
加拿大	67.76	10	12	13
英國	67.26	11	19	15
盧森堡	66.40	12	8	－
紐西蘭	66.17	13	11	9
德國	64.45	14	10	6
愛爾蘭	63.29	15	22	22
瑞典	59.56	16	14	12
馬來西亞	58.87	17	23	23
澳洲	58.59	18	21	16
法國	58.37	19	20	19
奧地利	57.63	20	16	11

冰島	55.20	21	25	25
比利時	54.16	22	17	21
臺灣	54.14	23	18	14
智利	52.03	24	13	20
西班牙	48.75	25	29	28
以色列	48.01	26	24	24
中國大陸	43.93	27	26	31
阿根廷	42.19	28	32	30
泰國	40.70	29	30	27
南韓	40.48	30	27	26
菲律賓	38.41	31	31	36
葡萄牙	35.12	32	36	32
巴西	35.04	33	37	38
義大利	34.67	34	28	29
捷克	34.51	35	34	39
匈牙利	34.09	36	39	41
希臘	33.14	37	40	40
土耳其	32.78	38	35	35
印尼	28.82	39	41	34
墨西哥	28.44	40	42	42
印度	23.80	41	38	37
哥倫比亞	21.41	42	33	33
波蘭	19.46	43	43	45
南非	19.02	44	44	43

委內瑞拉	17.71	45	45	44
俄羅斯	5.00	46	46	46

第二種：WEF世界經濟競爭力（如表二）

瑞士世界經濟論壇（WEF）一九九七年「世界經濟競爭力」年報，如表二僅列亞洲國家。按本年報，全球列入評比的五十三個國家中，我國在經濟競爭力的總排名第八，評估依據是八項指標，我國最佳是人力素質，最差是基礎設施與政經社會制度。最值得重視的是新加坡和香港，竟名列一、二（註⑥）。

表二 一九九七年亞洲主要國家之世界經濟競爭力排名

經濟量	總排名	分項排名：經濟開放	政府效能	金融實力	基礎設施	科技實力	企業管理	人力素質	政經社會制度
新加坡	1	3	1	1	2	1	7	2	9
香港	2	1	2	4	1	21	13	1	19
中華民國	8	12	8	11	28	17	18	3	28
馬來西亞	9	16	6	6	8	23	20	20	26
南韓	21	38	10	9	21	26	29	14	32
中國大陸	29	48	12	16	40	37	43	8	24
菲律賓	34	39	13	35	32	35	23	32	46

資料來源：一九九七年瑞士日內瓦世界經濟論壇「世界經濟競爭力」報告（《聯合報》，民國八十六年八月十二日，第四版。）

第三種：美國《世界報》的國富三角指數

該報的「國富三角指數」（Wealth of Nations Triangle Index）根據國際貨幣基金會、世界銀行、聯合國、美國農業部、中央情報局國力報告等所公布數據編纂而成，每年三月和九月各發表一次，也是各國競爭力參考指標。所謂「國富三角指數」包含三大範疇：

一、經濟環境：有國內環境、企業環境和經濟自由化。

二、資訊取得：涵蓋資訊性向、資訊架構和資訊分配。

三、社會環境：穩定與發展、健康與自然環境。

國富三角指數的評估指標再細分，共有六十三項因素，綜合可稱之「投資環境」。在一九九七年三月所做的調查，我國在全球的三十五個新興經濟體中，經濟環境排名第一，資訊取得排名第三，社會環境排名第七，總排名高居榜首（註⑦）。

在這項評估指標中，南韓排行第二，中國大陸排行第十九名。

肆、當前影響我國競爭力優勢的不利因素分析

從前項我國競爭力現況中，不難發現一些影響我國競爭力優勢項目，這就是各類「不利因素」聚積而成。如IMD 評比的政府效能和

國際化程度，WEF評比的基礎設施和政經社會制度，美國《世界報》評比的社會環境方面，就是造成我國競爭力後退的項目。惟加以解析，可分以下各項陳述之。

一、公信力危機——民衆對政府公權力的不信任

根據波特的理論與實證研究結果，政府政策會影響國家優勢，而且它的影響力可正、可負。所以波特把政府視爲創造生產因素的「發動機」，包括提升人力資源、基礎科學、基礎建設、經濟資訊（註⑧）。我國所指的公信力危機，就是指政府這部「發動機」出了大問題，且範圍可能更廣泛，例如與公權力相關的行政、立法、司法、監察等系統，及社會治安、環保、文化資產保護、婦女與弱勢者保護……，甚至政治人物的言論，民衆對政府公權力似乎存在著普遍性的不信任感。「公信力危機」在我國是存在多年的老問題，但這如果始終沒有改善或惡化，對競爭力優勢則有更大「殺傷力」。

二、政府效能欠彰——官僚體系尚未完成現代化

按照韋伯（Max Weber）的官僚理論（Bureaucracies Theory），傳統的政府組織（韋伯稱爲官僚）是運用權力在維持整個組織的規範，易使成員萌生疏離感（Alienation），大家只做表面工作，政府的效能（Effectiveness）和效率（Efficiency）都難以提升（註⑨）。「現代化」（Modernization）是改進與測量政府效能的標準，只要政府組織與制度上達成現代化，效能與效率的提升就是一種「必然」。

香港「政經風險顧問公司」每年調查亞洲各國的「官僚問題」，一九九七年三月公布的亞洲十二國調查報告，以南韓「最官僚」，臺灣次之（註⑩）。這是我們要警惕與改進的問題。

三、政府的整體施政受到太多負面因素分割

這些負面因素來自政黨間惡性競爭、統獨爭論、國家認同等方面，導致政府的整體施政受到抵消、分割，呈「一國多制」的怪現

狀。分屬不同黨派的地方首長，就分別推行不同制度，也許爲了討好選民，也許是意識型態（Ideology）之爭。如社會福利、教育，都出現類似問題。

四、治安與環保問題危及經濟發展和外商投資

理論上環保和經濟發展是並重的，但眼見我們的環保成效不彰，自然生態和居住環境都遭受重大破壞則是事實。而治安已成爲國人揮之不去的夢魘，特別是白曉燕等三大命案發生，有如對這個社會投下三顆「精神原子彈」，人人自危的程度達到「臨界點」。這些問題不能有效改善，談競爭力優勢根本是神話。

五、若兩岸關係失控、失衡將危害國家安全

八十四年間兩岸關係緊張，當時調查我國影響經濟景氣的原因，國內及兩岸政治情勢影響力高達百分之六十（註⑪）。副總統連戰先生在爲波特的書作序時，把我國要提升「全球競爭力」因素加入「兩岸關係」一項。目前兩岸分治，中共不放棄武力犯臺，若兩岸關係失控、失衡，對安全的威脅將超越社會與經濟層次，而危害國家安全。

六、「貪汙、黑化、黃化」正在腐蝕社會各階層

這裡分開來看是三個問題：貪汙腐化、黑社會及色情。但在某種程度上三者也常是相互掛鉤的，一個腐化氾濫的社會，也經常是暴力橫行的社會。此三者及其「周邊產業」正在腐蝕整個社會的各個層面：

根據世界銀行顯示臺灣是貪汙盛行地區（註⑫）。

臺灣治安已經「西西里化」（註⑬）。法務部長廖正豪指出，「臺灣黑槍可裝備三、四個師」（註⑭）。

臺灣的雛妓四萬至六萬（註⑮）。

這些指標告訴我們「社會生了重病」，若不能有效治療，也難當提升競爭力的重責大任。

伍、國家競爭優勢與國家安全

「國家安全」（National Security）一詞在概念界定上並不很明確，但國家安全與人民生活品質卻有直接關係。誠如國立臺灣大學校長陳維昭教授在《國家安全概論》一書的序上說，「自古以來，國家安全都是立國最重要的考量因素，當國家安全受到威脅時，人民的生命、財產，也不易得到有效的保護，遑論領土、主權的完整」（註⑯）。波特亦認爲國民生活水準的提升，需要企業不斷提升和創造符合時代需要的生產力，故生產力決定一個國家長期的生活水準（註⑰）。波特雖未指明國家競爭優勢與國家安全的關係，但研讀他的書及訪談演講內容，他其實已經闡揚了這兩者「互爲表裡」的關係。本來嘛！國家安全經常受到威脅，長期處於戰亂，何來「國家競爭優勢」呢（註⑱）？以下試提出幾點意見。

一、經濟競爭力與國防軍事存在的因果關係

有堅強的基礎工業水準，才能造出高品質的武器裝備；而不是因爲有良好的國防工業，才有良好的工業水準。這是一個因果關係，例如波特所列舉的美、日、德、義等國，就是有競爭力優勢，基礎工業雄厚，才有高品質的國防科技。前蘇聯顛倒了這種因果關係，全力發展武器，導致經濟競爭力喪失優勢。蘇聯解體亡國的最大、最重要原因之一，就是經濟失敗（註⑲）。根據英國駿懋銀行研究顯示，「軍事支出愈高，經濟競爭愈低」（註⑳）。理論與實際證明這項因果關係不可任意違逆。

二、國家競爭優勢即國力優勢，即國家安全優勢

波特根據實證研究建立經濟優勢的鑽石體系，並提出「生產力＝競爭力」這個公式（註㉑）。吾人觀察研究認爲「生產力＝競爭力」，即總體國力（Total National Power，簡稱國力）。當代學者提出國力指標，包括資源、經濟活動力、科技能力、社會發展程度、

政府調控能力、外交與軍事能力，細分指標有八十五個（註㉒）。這和波特決定國家競爭力的兩組因素（圖一）多所重疊，國力是以國家的「安全——利益」爲歸屬。故國家競爭力獲取優勢，是國力上的優勢，更是國家安全的優勢。

三、兩岸競爭合作消弭武力衝突，維護國家安全

民國八十三年國內有一場「中國歷史上的分與合學術研討會」，與會學者一致認爲，一切學術、文化、思想、經濟的交流，就是爲了要消弭武力上的「交流」（註㉓）。波特亦認爲臺灣要提升競爭力，兩岸關係是重要之一環。若臺灣不與中國大陸經濟交流，可能無法成爲有競爭力的國家。建立合作競爭方式，但不可對大陸太依賴，建立臺灣的競爭優勢，可使大陸未來二、三十年仰賴臺灣，更能增加臺灣的談判籌碼（註㉔）。

四、國防軍事上的有利因素助長經濟競爭力

在波特的實證研究中也發現，國防軍事上的有利因素助長經濟競爭力。例如美國龐大的國防計畫有助於發展科學和創造先進的市場需求；瑞士有良好的兵役制度成為人力資源的重要機制，幾乎人人受過軍事訓練，養成尊重紀律的態度，有利於產業發展（註㉕）。這是國家為了要提高安全程度，不得不增加國防預算，因而帶動經濟競爭力。但避免有違「經濟競爭力與國防軍事存在的因果關係」。

五、國家安全與競爭力的觀察指標：痛苦指數

國家是否安全？經濟競爭力是否優勢？有各種不同的觀察指標，痛苦指數（Discomfort Index，即通貨膨脹率＋失業率）是比較簡單的一種。當國家處於和平安全狀態，痛苦指數極少大幅升高。但當國家處於戰爭、內亂或內戰狀態，經濟競爭力明顯趨弱，痛苦指數則快速、大幅高漲。表示國民生活品質可能衰落，生命財產亦可能不保。

陸、我國國家競爭優勢的改進、提升與展望

展望西元二〇〇〇年的大趨勢，是全球經濟力量橫掃國際，帶來更多民主、自由與繁榮，形成全球經濟體；民營化勢在必行；東方與起，西方不一定沒落；教育是亞太地區的競爭優勢（註㉖）。我們正處在高競爭時代，沒有競爭力優勢就是落伍與失敗，因此我們要從現況深入檢討、改進、提升，邁向未來光明的前景。

一、針對現況各種不利因素檢討改進

當前影響我國競爭力優勢的不利因素（如「肆」節六項），也許陳述不夠周全，觀察不夠敏銳，可能還存在其他的不利因素。例如最近有學者從「結構經濟學」觀點分析，臺灣每十萬人口即產生二三·七位中央級民代，其密度是美國的一〇·八倍，或日本的三·七倍。即使加上地方級民代，臺灣的民代數仍爲美、日的二至三倍。民代密度

過高，帶來的關說壓力和財政負擔，不利於國家競爭力（註㉗）。此處「針對現況」不利因素，除本文「肆」節各要點外，尚有社會現存的其他不利因素。當不利因素愈來愈少，就是一種進步，不利因素消失就是改進了。

二、政府、企業及全民要有整體努力目標

提升國家競爭優勢，並不全靠國家。波特明白指出，政府該做的是成爲鬆綁或擴大鑽石體系的力量，當政府成爲鑽石體系的閘門時，它可以創造全新的機會和壓力。所以成功的政府政策，是創造競爭優勢的環境，而非直接介入競爭過程。「從事產業競爭的是企業，而非政府」（註㉘）。社會與政治的歷史背景，文化體系或價值觀，教育與人口素質等，都影響到競爭優勢的形成。政府、企業與國民在競爭過程中雖各有不同角色，但需要有整體努力目標，這是副總統連戰先生在爲《國家競爭優勢》寫序時，提出的十項整體作法，如圖三。

圖三　提升「全球競爭力」的十大因素

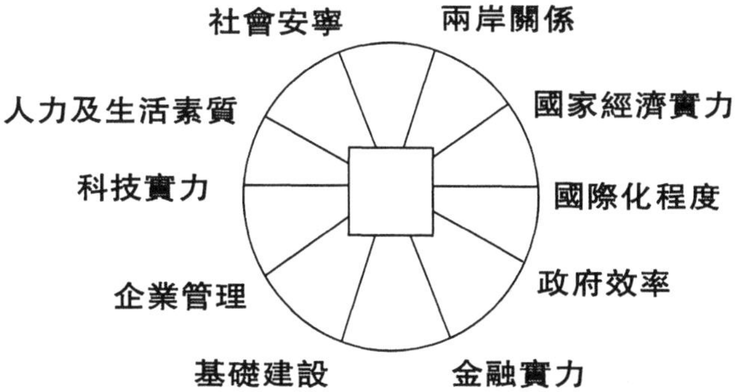

三、競爭力優勢全面提升國力確保國家長治久安

民國八十四、八十五年間，中共戰力居優勢，臺灣戰力明顯趨弱，形成中共武力犯臺之良機（註㉙）。兩岸軍事緊張造成對政治、經濟及國家安全的傷害至鉅，「國家競爭力的涵義非常廣泛，要而言之，就是指國力的全面提升」（註㉚）。國力是以國家的「安全——利益」爲歸屬。國家競爭力優勢並非指短期間達成某項優勢，而是展望未來的「長治久安、百年大計」，全面厚植國力，這才是維護國家安全，永續發展與生存之道。

四、按我們自己的國情特質調整步調，即知即行

「大未來」將在全球掀起革命性的快速變遷。但每個國家的經濟和財富創造體系，都要有自己特定的步調，太慢了會報銷，太快了就會崩散（註㉛）。顯見我們未必要與別國同步，我們雖有困境尚待突破，有難題尚未解決。根據波特的看法，臺灣目前最難能可貴的是擁有高水準的技術、教育、強而有力的企業及企業競爭精神，顯見臺灣

未來競爭力的關鍵要素都已存在（註㉜）。所以我們不必妄自菲薄，惟須按自己國情特質調整步調，即知即行，超越二〇〇〇年這個競爭力的大時代。

柒、結語

提升競爭力是當前政府施政的主軸與目標，提升競爭力是一場一代接一代的競賽，透過我們前瞻性的施政及全民的努力，全體國人的共同遠景將會在二十一世紀初逐步實現：

——生活品質上，臺灣變成一個乾乾淨淨的社會。

——科技發展上，臺灣變成了亞太地區的矽谷。

——兩岸關係上，出現中國人幫中國人的良性互動。

——國際舞臺上，中華民國變成高度競爭力的象徵。

——國家競爭力提升到世界前五名（註㉝）。

末了，筆者也關心我們「行」的工夫，施政理念不能淪爲空泛的口號，政治人物及一般國民都要痛改「說歸說、做歸做」的惡習。欣見蕭內閣已經明確定位爲「行動內閣」，有競爭力的政府與內閣，有競爭力的企業與人民，深信「我們的未來不是夢」（本文榮獲民國八十六年教育部「全國公務人員讀書心得寫作」第一名）。

【註釋】

①波特（Michael E. Porter），國家競爭優勢（The competitive Advantage of Nations），李明軒、邱如美譯，第一版十印（臺北：天下文化出版公司，民國八十六年六月三十日），序頁五。

②同註①，序頁三～四。

③同註①，見下冊，第三篇，第十章，頁七八三。

④同註①，上冊，頁一一。

⑤一九九七年瑞士洛桑國際管理學院的「國際競爭力年報」，可見中國時報，民國八十六年五月十九日，第四版。

⑥一九九七年瑞士世界經濟論壇年報，可見聯合報，民國八十六年八月十二日，第四版。

⑦一九九七年三月美國世界報的「國富三角指數」，見聯合報，民國八十六年三

月三日。

⑧同註①，下冊，第十二章。

⑨呂亞力，政治學方法論，三版（臺北：三民書局，民國七十四年九月），第二十四章。

⑩本文對「現代化」不再做更深入探討，讀者可見其他相關專書。香港「政經風險顧問公司」的官僚調查，可見聯合報，民國八十六年三月三日。

⑪聯合報，民國八十四年九月十六日，第三版。

⑫中國時報，民國八十五年十月二十八日。

⑬中國時報，民國八十五年十一月二十三日。

⑭聯合報，民國八十六年五月二十五日，第七版。

⑮中國時報，民國八十五年八月二十七日。

⑯臺灣大學軍訓室編印，國家安全概論，臺北，民國八十六年八月初版，序頁一。

⑰同註①，頁一〇～一一。

⑱本文對國家安全不做概念上界定之研究，惟國家安全包含三個範疇：國際安全（是透過區域或集體安全以達成國家安全）；軍事安全（是透過建軍、備戰與用兵維護國家安全）；內部安全（是透過內部社會、經濟上的安全以鞏固國家安全）。見註⑯書，第一章。

⑲尹慶耀，獨立國協研究（臺北：幼獅文化出版公司，民國八十四年十月），頁六四。

⑳高希均，經濟學的世界，上篇，第一版（臺北：天下文化出版公司，民國八十年元月三十一日），第十三章，頁二四一。

㉑同註①，上冊，頁一一。

㉒宋國誠，「中共綜合國力的分析模式及其測算」，中國大陸研究，第三十九卷，第九期（民國八十五年九月），頁九～一〇。

㉓聯合報，民國八十三年七月十六日，第六版。

㉔中央日報，民國八十六年四月八日，第二版。

㉕同註①，上冊，第七章。

㉖奈思比·奧伯汀（John Naisbitt and patricia Aburdene，2000年大趨勢（Mega-trends 2000），尹萍譯，第一版二十三印（臺北：天下文化出版公司，民國八十二年十二月三十日），第一、五、六章。

㉗聯合晚報，民國八十六年四月二十五日。

㉘同註①，下冊，頁八九四～八九五。

㉙中國時報，民國八十三年三月十六日，第四版。

㉚同註㉔。

㉛艾文·托佛勒（Alvin Toffler），大未來（Powershift），吳迎春、傅凌譯，第二版（臺北：時報文化出版公司，民國八十四年三月三十日），頁二二九～二三〇。

㉜同註㉔。

㉝中央日報，民國八十六年四月八日；八月二十六日。

國家安全的終極殺手——

領土消失

對國家安全威脅最大者，就是國家的消滅（Distinction of State）。因爲國家消滅對國際法人（International Persons）地位變更影響至鉅，當一國消滅後，其國際法人地位亦隨之而消滅，依國際法上所可享受之權利與負擔義務，也都面臨終止命運。

國家消滅原因有兩種，一種自然原因，另一種是人爲原因（註①）。自然原因如人民四散或全部移出，土地因地震而坍陷等。人爲原因有四種，即合併、征服、解散、瓜分等四者。以上各種原因雖然都會造成亡國，但人爲原因卻都有回復（復國）的機會，如被合併後又脫離，被征服後又獨立，被解散後又回歸，被瓜分後又復國，諸如此類在古今中外的歷史上眞是屢見不鮮，國家的生死循環、分分合合，在歷史舞臺上總是不停地上演。而自然原因如土地因地震造成坍陷（或不因地震），此種國家消滅就永無復國的機會，領土不見了，無從建國，這種原因的國家消滅（即亡國）就是終極殺手——領土消失所導致。

我國所面臨國家安全威脅的原因頗爲複雜，前述四種人爲原因（合併、征服、解散、瓜分）都不完全蓋括或解釋。但臺灣地區目前面臨的終極殺手——領土坍陷，這是國家消滅最嚴重的一種，而民間、政府、學術界似乎尚未察覺。故本文僅針對民國三十八年政府遷臺後，再次所面臨的「領土」消失這部分申述之，以警示於國人。

壹、「領土」在國家要素中的語意

領土是國家組成的空間要素，或稱國家的生存空間，沒有領土不成國家。儘管歷史上也有「馬上爲國」（如漢朝西域的「行國」），其實那只是一種部落，不能稱爲國家。「巴勒斯坦解放組織」（Palestine Liberation Organization 簡稱巴解）至一九八二年時，人民、主權與政府等要素都已具備，因沒有領土仍不能成爲國家。所以領土是國家組成的要素，也是必要條件。但所謂的「領土」（Territory），在國家構成要素中並不能望文生義，它有頗爲廣泛的語意，分述以下各項。

一、領陸

「領陸爲立國之本」，國家對領陸有絕對的排他性管轄權（Exclusive Jurisdiction），因國家及其國民必在陸地上生存與發展，故領土不能任意變更。我國《憲法》第四條規定：「中華民國領土，依其固有之疆域，非經國民大會之決議，不得變更之。」領土包含地下及地表下面的部分。所以國家有權開採、探測、利用及處分地下天然資源，而不受他國的干預。

二、領水（Territorial Waters）

沿海岸國家領域管轄權下的水域稱「領水」，範圍包含領海、海灣、海峽、通海運河、湖泊，及大陸礁層。國家對領水距離（如領海計量等），在不同時代有各種不同規定，各國爭議也多。十九世紀有所謂「大砲射程原則」（Cannon Shot Rule），一九八二年的「海洋公約法」第十三條規定領海寬度爲十二海里。我國自民國六十八年十月八日宣布領海十二海里，經濟海域二百海里（註②）。

三、領空（Territorial Air）

領水和領陸上面的大氣和空中就是領空。國家法權所及的領空高度，向來有不同測量標準。「不要超過航空器升高的最高限度」一說比較切實可行，這高度以下是國家行使領空主權的最高限度，也是領空的上限。

領空以上便是太空（Outer Space），太空是公有物（Res Communes），任何國家都得探測、使用，不得為任何國家所專有。

四、浮動領土及飛航領土

國家視其具有國籍的船舶、航空器為領土的延伸，船舶是國家領土的浮動部分（Floating Part），航空器是國家領土的飛航部分（Flying Part）。兩者視同領土，所以在國家主權之下，行使管轄權。兩者均須有國籍，並以一個國籍為限，雙重國籍均視同無國籍。

貳、政府遷臺至今我國領土消失之現況

中華民國原是個泱泱大國，但到三十八年因各種內憂外患的結果，我們丟了國家領土的最大一筆——中國大陸，只剩下臺灣本

島、若干離島、南海諸島等。是不是三十八年以後我國就再也沒有丟過一寸土地呢?非也。由於別國的非法掠奪導致領土喪失，或「天災人禍」導致領土消失，一直到現在——民國八十六年，都仍在持續中，社會各界或領導階層似欠警覺，而沒有積極堅定的作爲，這是很悲哀的事。舉其至要者數件如後。

一、南海各島淪陷現況

南海（南中國海），包括東沙（我國占領）、西沙（中共占領）、中沙（不宜住人）、南沙等四個群島（如附圖）。南海涉及國際政治、軍事、經濟利益，是二十一世紀「中國命運之海」（註③）。兩岸都宣稱要維護南海主權，但兩岸都沒有做到。越南、菲律賓與馬來西亞還是公然入侵占島，這些領土是在「中華人民共和國」及「中華民國在臺灣」這個時代丟掉的，領導者和所有人民都不能置身事外。

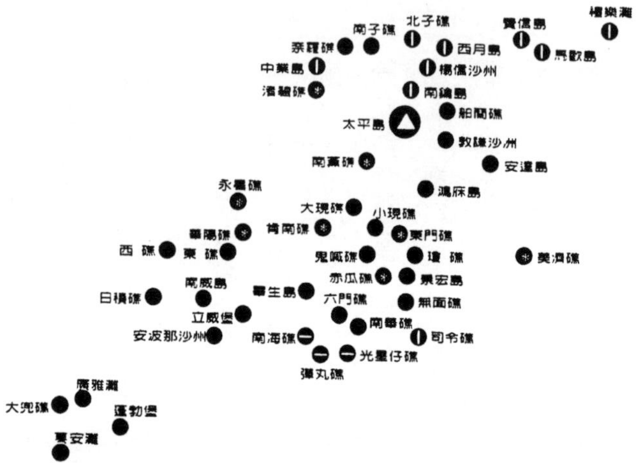

各國占島現況

國別	中華民國	中共	越南	菲律賓	馬來西亞
占島數量	1	8	25	9	3
占島區分	△	⊛	●	⦶	⊖
島嶼名稱	太平島	渚碧礁　南薰礁 永暑礁　華陽礁 肯南礁　東門礁 美濟礁　赤瓜礁	南子礁　奈羅礁　舶蘭礁 敦謙沙洲　安達島 鴻庥島　大現礁　小現礁 西　礁　東　礁　鬼喊礁 瓊　礁　景宏島　日積礁 南威島　畢生島　六門礁 無面礁　立威堡　南華礁 安波那沙洲　廣雅灘 大兜礁　蓬勃堡　萬安灘	禮樂灘　北子礁 費信島　西月島 馬歡島　中業島 楊信沙洲 南鑰島　司令礁	南海礁 彈丸礁 光星仔礁
現駐兵力	112	260	600	595	70
現有設施	營房數幢，三吋砲數門	營房二幢，高腳屋五幢，25㎜、57㎜砲各四門，直升機坪二座，雷達站一座	直升機四座，機場砲道一處，砲位五處以上	機場跑道一處，兩棲戰車(數量不詳)，營房數幢	機場跑道一處，營房五幢，五吋砲一門
目前活動		續在各占島擴建中	續對各占島整補	1.石油探鑽 2.計畫建海空基地 3.通訊預警系統 4.加強占島巡邏	1.開發觀光事業 2.石油探採

南沙群島現況示意圖

二、未能及時收復的失土——琉球與釣魚臺

日本占據琉球之事在明治十二年（一八七九年），清廷不了了之。日本想再進占大陸沿海其他島嶼，釣魚臺是下一個目標，明治二十年（一八九五年）元月二十一日，內閣會議通過把釣魚臺列嶼畫入版圖，此時甲午戰事日本已穩操勝算。琉球與釣魚臺喪失之責均在滿清，並非現在兩岸政府與人民之過，惟二次大戰後有機會收回而沒有收回，形同在我們手中再丟掉一次。

勿論依一九四三年的開羅宣言，或一九四五年的波茨坦宣言，日本都必須將該兩島嶼歸還中國，兩岸政府礙於當時內外情勢也沒有收復失土的決心與行動。我國獲悉美國將把該兩島嶼移交日本，外交部聲明「絕對不能接受」（註④）。美日還是在一九七一年六月十七日簽訂「琉球歸日」（Okinawa Restored to Japan by U.S.A; Ryukyu）條約，並與釣魚臺列嶼一併歸日（註⑤）。失土本該回歸中國，在「中華人民共和國」和「中華民國在臺灣」的時代，沒有做

到，再次使失土淪陷。

三、領空、領水遭受非法入侵

我國領空、領水的消失、喪失或遭受非法入侵，其實頗為廣泛，例如南海水域、資源、領空、釣魚臺海域及中共對我領空的入侵，都是對國家領土主權（Territorial Sovereignty）的傷害。今舉近年最引起國人注目的兩例說明之。

㈠釣魚臺領水爭奪戰

日本覬覦釣魚臺列嶼的重要原因是經濟利益。因釣魚臺位於我國水深二百公尺的大陸礁層（Continental Shelf，或譯大陸棚、大陸架等）上，與琉球群島隔著一條沖繩海溝（水深一千至三千公尺）。日本一旦占有釣魚臺等於跨過千公尺海溝而登上我國東海大陸礁層上，東海是亞洲海域內最後一個尚待開發的石油和天然氣的處女地。

另一個對我國釣魚臺領水傷害很大的是漁場，南方澳一千五百多艘漁船中，四成以釣魚臺為主要作業區，大型圍網、延繩釣、拖網等大型船隻幾乎全仰賴釣魚臺豐富的漁場，如今卻受制於日本。釣魚臺領土對我國國家安全、國防戰略、經濟利益都有重要地位，若爲日本占領就是領土的喪失——國家安全的終極殺手。

㈡中共軍事演習入侵領空

民國八十四年七、八月間，中共對我實施「飛彈威脅」，觀察這兩次飛彈威脅落點，第一次距澎佳嶼六十五公里，距臺北一百五十五公里。第二次距臺灣本島北端一百三十五公里，距東引九十公里。都是我空軍之例行巡弋範圍（註⑥）。同年八月十七日晚上，中共曾有四架戰機飛越馬祖領空，海峽情勢一度緊張升高。

中共對我領空的入侵，就是對我國家安全的威脅，其次迫使當時民航機改道、漁業受損，影響各國船隻「無害通過」（Innocent Passage）。這些都是領土主權的威脅與傷害，國人能深思否?

四、中華民國在臺灣——寶島正一寸寸消失中

臺灣地區因環保不力、開發失控、農漁政策失誤、超抽地下水、

土地利用違反自然生態，貪汙腐化助長天災爲害，造成許多問題。國際上已發出「臺灣是不適宜人居住的環境」的訊息。對國家長遠影響最大者是海岸侵蝕、萎縮及地層下陷，統計其最嚴重者條列如下（註⑦）：

㈠臺北淡水河口南岸年平均後退二公尺。

㈡雲林海岸年平均後退一・二公尺。

㈢高雄海岸年平均侵蝕量曾達三十五公尺。

㈣宜蘭金面附近海岸年平均侵蝕二・五公尺。

㈤花蓮、臺東海岸年平均後退半公尺。

另有局部嚴重地區，經學術界長期追蹤觀察研究，也發現我們國土正在快速消失中，舉局部嚴重地區如：

㈠雲林海岸從一九〇四到一九八七年後退一百公尺。

㈡高雄茄萣地區從一九九三年到九六年，海岸後退十公尺。

㈢南寮漁港海岸線從民國三十六年到八十五年，後退四十公尺。

㈣臺東大武，金樽和新港附近，本世紀迄今平均後退四十公尺。

㈤花連全線海岸本世紀迄今，平均後退五十六公尺，海岸地區快速消失中。

「中華民國在臺灣——寶島正逐漸沉陷消失中」，直接的原因是地層下陷，正合國際法上「國家自然消滅」因素。再者海岸侵蝕下陷對防衛工事的影響，也足使反登陸作戰不利。也許敵人不來，但國土日漸縮小，百年之後「三萬六千平方公里」還剩多少？許多海島國家如新加坡、日本，對國土利用都抱著戰戰兢兢之情；國家能執行其整體國土開發計畫，留給子孫的土地愈來愈多，而我們給後代子孫的國土卻愈來愈少。我研究國家安全，竭盡心力，所操心者眞是莫此爲甚！

叁、臺灣一隅之地與國家安全戰略

國家安全戰略是研究國家生存、安全與發展之策略，領土是國家的生存空間，決定國家存亡絕續的命運。因此中華民國在臺灣——我們要從國家安全戰略的宏觀思維來看待現有的每一塊領土。

一、從政治地理學（Political Geography）看臺灣

政治地理學爲研究地理因素對於政治的影響，位置、地形、邊境是三個重要考量因素。就位置言，臺灣四周環海，適合發展海軍並向海洋發展，「海洋成爲中華民國在臺灣的生命線」。又位於亞洲大陸邊緣，與中國大陸勢必有「合則兩利，分則兩害」之關係。就地形言，臺灣四周瀕海，易攻難守，西部沿海地區更無險可守，外患（中共）堪虞。再者，中央山脈的阻隔使東、西部地區兵力轉用困難，增加防衛作戰的不利。

就邊境言，臺灣海峽雖非邊境，卻有邊境功能，它成爲臺灣本島的緩衝區（Neutral Zone），軍事上的「天險」。但天然屏障不論有多麼險要，在歷史上早已經過許多證明——堵不住侵略者的野心。邊境是否發揮緩衝、阻絕之功能，端視建軍備戰程度；若不積極建軍備戰，邊境是不存在的。當敵人可以長驅直入，何來邊境之有？

二、從地緣政治學（Geopolitics）看臺灣

地緣政治學爲研究地表與政治生活及政治發展的關係之學（註⑧）。國家有成長和發展的必要，國家的「生存競爭就是空間競爭」，所以中華民國必須走出去，向國際發展，向大陸發展。臺灣在世界地緣戰略上的地位，正在麥金德（H.J.Makinder, 1861－1947）所稱「內新月形帶」的東段，成爲陸權與海權之間一個巨大緩衝地區。臺灣在世界地緣戰略的地位可簡化成下列五項：

㈠瞰制東北亞之要域。

㈡確保西太平洋航道安全。

㈢亞洲大陸進出太平洋之門戶。

㈣海洋進出亞洲大陸之跳板。

㈤「內新月形帶」之東段，配合民主陣營在冷戰時代執行圍堵政策（Containment Policy），與有榮焉。

國內學者華力進指出，地緣政治學是以研究自然環境對一國政治影響爲主（註⑨）。這個影響即著眼於戰略價值，特別是政、軍、經、心四個戰略價值。美國地緣戰略學家施比克曼（Nicholas J.Spykman）說：「依地理因素設計國家安全政策（註⑩）。」可見一個國家的領土在地緣政治的戰略地位上，乃至對該國策訂國防、經濟、外交等政策，都是不可輕忽大意的因素，此種影響力直接導致國家之生存、安全與發展。

今天，中華民國在臺灣碩果僅存的領土，除臺灣本島外，金門、馬祖、南海諸島、釣魚臺及琉球等列嶼，及其他棋羅星布之各島嶼，無一不是我國固有領土。其間不論是領陸、領水、領空、浮動領土或飛航領土，也無一不是國家之領土——中國人之領土。國家安全的終極殺手，即領土的消失，這一代中國人不至於領土愈來愈大（指侵略別國），但也絕不能使領土愈來愈少。

【註釋】

①兩種原因均見張彝鼎主編，雲五社會科學大辭典，第四冊，國際關係（臺北：民國七十四年四月，增訂三版），頁二一六。

②丘宏達，現代國際法基本文件，四版（臺北：三民書局，民國八十年三月），頁四七七。

③陳福成，防衛大臺灣（臺北：金臺灣出版公司，民國八十四年十一月一日），頁四五。

④同註②，頁四六四。

⑤同註①，頁二五三～二五六。

⑥聯合報，民國八十四年八月十一日，第三版。

⑦相關資料參考成功大學及海洋工程研究所教授郭金棟的研究報告；楊秋蘋，「寶島，正在一寸寸地縮小」，中國時報八十五年六月十八日，第七版；聯合

報，民國八十五年六月二十一日，第十九版報導。

⑧ 馬起華，政治學原理，上冊（臺北：大中國圖書公司，民國七十四年五月），頁五一九。

⑨ 華力進，政治學（臺北：經世書局，民國七十六年十月增訂一版），頁一四六。

⑩ G, Etzel Pearcy 等著，世界政治地理（World Politcal Geography），屈彥遠譯，第四版，上冊（臺北：教育部，民國七十三年十月），頁六八。